This is China
这就是中国 衣

金淑霞 周琳 著

山东文艺出版社

前 言

今天的中国，经济繁荣，国力强盛，人民生活日益富足。任何人，不管其立场如何，价值观怎样，都不能否认这个事实。

中国在20世纪后半期及新世纪以来的发展将是一幅被史家浓墨记录且反复绘制的历史画卷。

新中国70年走到今天，来路艰难曲折，面前气象万千，要绘制好这巨幅画卷，尤其是要在极有限的篇幅内绘制好它，十分不易。因此，我们只能在丰富多彩的景象中剪取个别片段。

片段的剪取也是一件费思量的事。国家发展的状况是否值得称道，终归要看百姓的日常生活。因此，我们剪取了百姓衣食住行方面的进步以及支撑这些进步的主要建设成就。

进步只能在比较中呈现。自然地，我们用了相当篇幅展现近代旧中国的景象。

但是，起笔之处却远在近代之前，这与我们对中国历史和现实的理解有关。历史演进至近代，与之前的一两千年相比，中国绝大部分普通百姓的生产和生活方式并无实质性变化。不仅如此，较之历史上处于发展高峰期的时代，如盛唐和两宋时期，近代中国普通百姓的生活品质甚至还有下降。

世界历史在从中世纪过渡到近代的过程中，普通百姓的生活品质在某些时期较此前恶化，是许多国家经历过的。近代前期在许多欧洲国家就是如此。在中国，人口激增导致的生存资源紧缺、列强的入侵和掠夺、战乱和社会动荡、社会贫富分化加剧、自然灾害和疠疫流行等等，致使普通百姓的生活之悲惨，世所罕见。从古代到近代一路看下来，方能更好地理解新中国70年的发展变化对于普通百姓究竟意味着什么——2020年结束，中国不仅有了一个庞大的中产阶层，而且绝对贫困现象已经成为历史，此目标的达成，实乃中国千年未有之变！

用笔定格这一历史场景，是当代人的责任。

作者

2021年1月

目录

前　言 1

一　那些年，街上流行红裙子 7

二　鞋的故事 73

三　扮靓中国，扮靓世界 113

四　民族服饰万花筒 165

后　记 225

在新中国成立的1949年,中国总人口数为54167万,当年布匹产量为18.9亿米,人均约3.49米,大概一个成年人可以做一套衣服。中国的布匹产量在2016年达到迄今为止的最高值,约906.75亿米,较1949年增长近47倍,而实际的生产能力要

2021年,新疆喀什,棉麻公司巴楚棉麻站棉花仓储基地。(视觉中国)

远大于这个数量,此后的产量只是随着市场供需关系而上下波动。需要说明的是,布匹的产量远不足以体现中国人衣着的丰裕程度,2018年全国服装总产量约456亿件,而实际的生产能力在2017年就达到600多亿件。

在20世纪80年代之前,中国百姓中流传有顺口溜"新三年,旧三年,缝缝补补又三年""老大穿了老二穿,老二穿了给老三",说的是那个年月衣着匮乏的窘境。仅仅过了20多年,毛

新疆阿克苏,工人在纺纱车间工作。(视觉中国)

边裤、破洞裤竟然成了年轻人的时尚。曾有女孩穿着上千元钱的破洞牛仔裤回农村老家看望爷爷奶奶,一觉醒来,哭笑不得,因为那出彩的破洞被慈爱的奶奶连夜补上了!

今天,中国人的衣着丰富多彩,甚至丰裕过度,成了社会问题。近些年,每天扔掉的衣服多达几万吨,一年总计在2600万吨左右。旧衣服可用来焚烧发电,但也带来了废气排放的问题,为保护环境,媒体呼吁消费者少买衣服。

1981年,世界著名设计师皮尔·卡丹带着他设计的精品时装到北京举办时装发布会。当时的中国人没听说过什么T台,更没有专业的服装模特,甚至误认为"模特儿"都要脱光衣服向人展示身体,不是个"正当的"工作。皮尔·卡丹寻求中国朋友的帮助,最终有12位来自不同行业的姑娘不顾亲朋好友的反对,勇敢地走上了简陋的T台。

1993年,首届中国国际服装服饰博览会在北京举办,展出面积11000平方米,参展商近400家,超过500个展位被一抢而空。第18次来中国的皮尔·卡丹,以及意大利的两位世界级设计大师瓦伦蒂诺和费雷,与中国服装设计师同台竞技,由200名中国模特和意大利、法国等国家的10名国际顶尖模特表演展示。中国中央电视台和美国CNN海外电视台向全世界转播了时装秀盛况。

1983年,世界著名服装设计师皮尔·卡丹在北京民族文化宫参加时装秀。(视觉中国)

1989年5月12日,北京首都体育馆,"中国现代梦"时装秀。(视觉中国)

1993年5月5日,由意大利劳拉·比娇蒂时装公司和中信欧洲公司联合举办的"劳拉·比娇蒂时装展示会"在北京王府饭店举行。(视觉中国)

看了上面几个零碎剪影,您知道了,这里要讲述的是70年来中国人的服饰故事。

一

那些年，街上流行红裙子

1984年,《街上流行红裙子》在中国上映。这是新中国第一部直接以时装为题材的影片,讲述了一个年轻姑娘展现爱美天性的故事。主人公陶星儿是一位纺织女工,她美丽端庄,心地善良,是厂里的劳动模范。在那个年代,衣着朴素、执着于本职工作是人们心目中劳动模范的格式化形象。为了保持"公众形象",

20世纪80年代中期,女青年以穿红裙子为时尚。(视觉中国)

1986年，北京街头几位穿着裙装的姑娘在聊天。（新华社）

陶星儿谨慎矜持，色彩单调的白衬衫蓝裤子是她的标配。一个偶然的机会，她试穿了好友阿香的红绸裙，漂亮的裙子将她装扮得无比柔美动人，同车间的女伴们一起说服她去公园参加当时流行的"斩裙"活动。这里的"斩"就是击败对手的意思。"斩裙"像是打擂台，是一种年轻人自发形成的服装比美活动。当陶星儿身着"袒胸露背"的红色连衣裙在公园里从人群中飘过，在场的参与者和观众都被她的美艳惊到，陶星儿的内心也充满喜悦之情。电影上映后，在许多城市里，红色连衣裙一时成为姑娘们的最爱。

改革开放初期，中国的年轻人把大红大紫的连衣裙作为追捧的时髦，这让今天的人们不太好理解。但是，服装在任何时候都是时代的面容、社会的表情。如果经历过此前以灰色、蓝色为服饰主调的岁月，您就会知道，衣着色彩和款式的变化，展示的是人们精神生活的新生：人们的心理从压抑、封闭、千篇一律，转向活泼、明亮、包容、开放。回首望去，把70年来不同时期流行的服装连缀起来，就是新中国人们精神生活的历史相册。

从新中国成立到改革开放之前的30年间，在中国男性中最流行的服装是中山装。这款服装由中华民国的开国者孙中山先生吸收西服和日式学生装的元素主持设计，故以孙先生的名字命名。中山装出现在中华民国诞生后不久,经过多次局部修改调整,到20世纪30年代末基本定型,其基本形制是:上衣为立翻领,前门襟有五粒纽扣,袖口有三粒扣,前身置四个有盖的平贴口袋,左胸袋盖上留有约3厘米的插笔口。中山装样式简洁挺括、大方庄重,逐渐成为中国成年男性的正装。

孙中山是近代中国革命中推翻两千年帝制的领袖,穿着由他主持设计的中山装,也就成了革命、进步、爱国的象征。因

1922年12月,广东岭南大学,身着中山装的孙中山。前左为孙夫人宋庆龄。

1982年1月19日,北京市第二服务局工会、团委为数对青年职工举办婚礼,新郎多着中山装。(视觉中国)

此，新中国成立之前，中山装也是革命的共产党人和进步青年的普遍装束；在中国共产党的革命根据地延安，共产党人也穿中山装。这个着装风气，在中国共产党领导的革命成功之后被传承下来，并在全国漫延开来：在新中国成立后的30年间，中山装是中国男性的常见装束。

新中国成立后的第一个十年里，具有代表性的女性装束是布拉吉和列宁装。由名称可知，这个时期中国刮的是"苏联风"。

新中国成立之初，外交上采取向苏联"一边倒"的政策，在政治、经济、教育、文化及社会生活的方方面面，到处可见苏联的强烈影响。

政治上，当时的中国是苏联主导的社会主义阵营的成员。

经济上，苏联给了中国巨大的经济技术援助。1953年至1957年中国第一个五年计划期间，苏联在工业领域向中国提供了156个援助项目，涉及钢铁、有色金属、能源、化工、机械制造、航空、造船等重工业各行业，一举奠定了新中国的工业基础。为了帮助新中国的经济建设，除了提供技术资料、设备供给等方面的帮助，50年代，苏联先后派出各领域高级专家18000多人，中国各个重点建设项目工地上到处可见他们的身影。

20世纪50年代的招贴画。

在教育和科学方面,中国全面引入苏联的教育管理和学科体制,大量出版苏联的科学书籍。从1952年秋季开始,中国按照苏联的大学模式进行了大规模的院系调整,并直接使用苏联的大学基础教材和教学计划;各大专院校都设有俄语系或俄语教学部,有条件的中学也将俄语作为必修科目。同时,在50年代,中国政府先后派出7000余名青年学子到苏联留学,他们后来大多成为中国政治、经济、教育、科技、文化等各领域的栋梁。在中苏两国学界的共同努力下，10年间有3000多种各学科的苏联书籍在中国翻译出版。

在那样的环境，苏联的文化之花在中国遍地开放。《莫斯科郊外的晚上》《喀秋莎》《海港之夜》《神圣的战争》《灯光》《红莓花儿开》《山楂树》《歌唱动荡的青春》《远在小河对岸》《小路》等脍炙人口的歌曲，在广场、校园、会堂、大街小巷里回荡，数百首苏联歌曲成为整整一代人的青春记忆，并影响了后来的一代人。

俄罗斯和苏联文学更是为那个年代留下了炫目的重彩。10年间，100多位俄罗斯和苏联作家的3500多部文学作品译成中文出版。高尔基、阿·托尔斯泰、法捷耶夫、马雅可夫斯基、奥斯特洛夫斯基、肖洛霍夫等苏联作家在中国读者中几乎是神一样的存在；《童年》《在人间》《我的大学》《青年近卫军》《苦难的历程》《静静的顿河》《被开垦的处女地》《钢铁是怎样炼成的》《卓娅和舒拉的故事》等等被争相传阅。卫国战争中为国捐躯的卓娅和舒拉姐弟是千百万中国年轻人的偶像；《钢铁是怎样炼成的》主人公保尔·柯察金对人生的感悟被无数年轻人抄在笔记本扉页上以激励自己："人最宝贵的是生命。生命每个人只有一次。人的一生应当这样度过：当回忆往事的时候，他不会因为虚度年华而悔恨，也不会因为碌碌无为而羞愧。在临死的时候，他能够说:'我的整个生命和全部精力,都已经献给了世界上最壮丽的事业——为人类的解放而斗争。'"

在那个中国百姓尚不知电视为何物的年代,看电影是最普及的文化生活方式。新中国成立后,随着中苏关系进入"蜜月期",苏联电影风靡中国。新中国成立前,苏联电影的中国观影人次最高纪录是1949年,达700余万人次,而在新中国成立后仅一年,这个数字猛增至6200余万。到1953年底,全国有200多个专门的苏联电影放映队。为了能看上一场苏联电影,偏僻乡村的农民会成群结队奔波数天提前赶到放映地点。苏联电影的中国观影人次在1958年达到最高峰。1958年,中国总人口为6.5994亿,观看苏联电影的观众就达20亿人次,放映的苏联影片达747部。要知道,在50年代十年间,中国的国产电影总数还不到500部。就是说,有一代中国人是在苏联电影的陪伴下长大的。当时的苏联在中国被称为"老大哥";社会上流传着一句口号:"苏联的今天就是我们的明天。"

整个社会浸染在这样的氛围中,当时苏联的代表性装束布拉吉和列宁装,自然会在中国成为时尚。

"布拉吉"就是连衣裙,是俄语音译。当时中国流行的苏联画报、带有图片的期刊等,常见苏联女性身着布拉吉的形象;身着布拉吉的援华苏联女专家走到哪里都是一道风景;讲述卓娅—

生的电影《丹娘》在中国热映,中国姑娘们从影片中看到了心目中的英雄,崇拜着她的一切,当然也羡慕她的服装:当挺拔匀称的卓娅穿着大方得体的连衣裙随节日游行队伍从莫斯科红场走过,那洋溢着青春朝气的身姿迷倒了无数崇拜者……

但是,那是一个居民收入很低、生活消费品匮乏的年月,大多数中国家庭过的是"新三年,旧三年,缝缝补补又三年"的日子,拥有一件连衣裙是大多数女孩梦寐以求的。对已经就业的青年女工来说,布拉吉也属于奢侈品。20世纪50年代,青年学徒工的月工资为14元人民币左右,学徒期一般为三年,出徒之后的月收入也不到30元。对大多数青年女工来说,想要攒够做一件布拉吉的钱,她们不得不省吃俭用。一位叫胡春媛的女士在2009年7月号《中国妇女》杂志刊登文章,晒出了自己年轻时的布拉吉:"1954年全国城乡开始凭布票供应棉布,那年我19岁,已经在造船厂工作一年,每个月的工资只有十几元,用以家里的各种开销。靠票证维持社会经济稳定的政策,不仅极大地限制了民众的生活消费,也限制了我那颗追求美丽的心。""当在画报中看到苏联援华女专家穿着布拉吉时,我的心也开始蠢蠢欲动。可做一件布拉吉至少需要九尺布,那时一尺布五毛钱,也就是说需要花三分之一的工资。为了这件布拉吉,我省吃俭用了几个月,但当连衣裙穿上身时,喜悦和兴奋

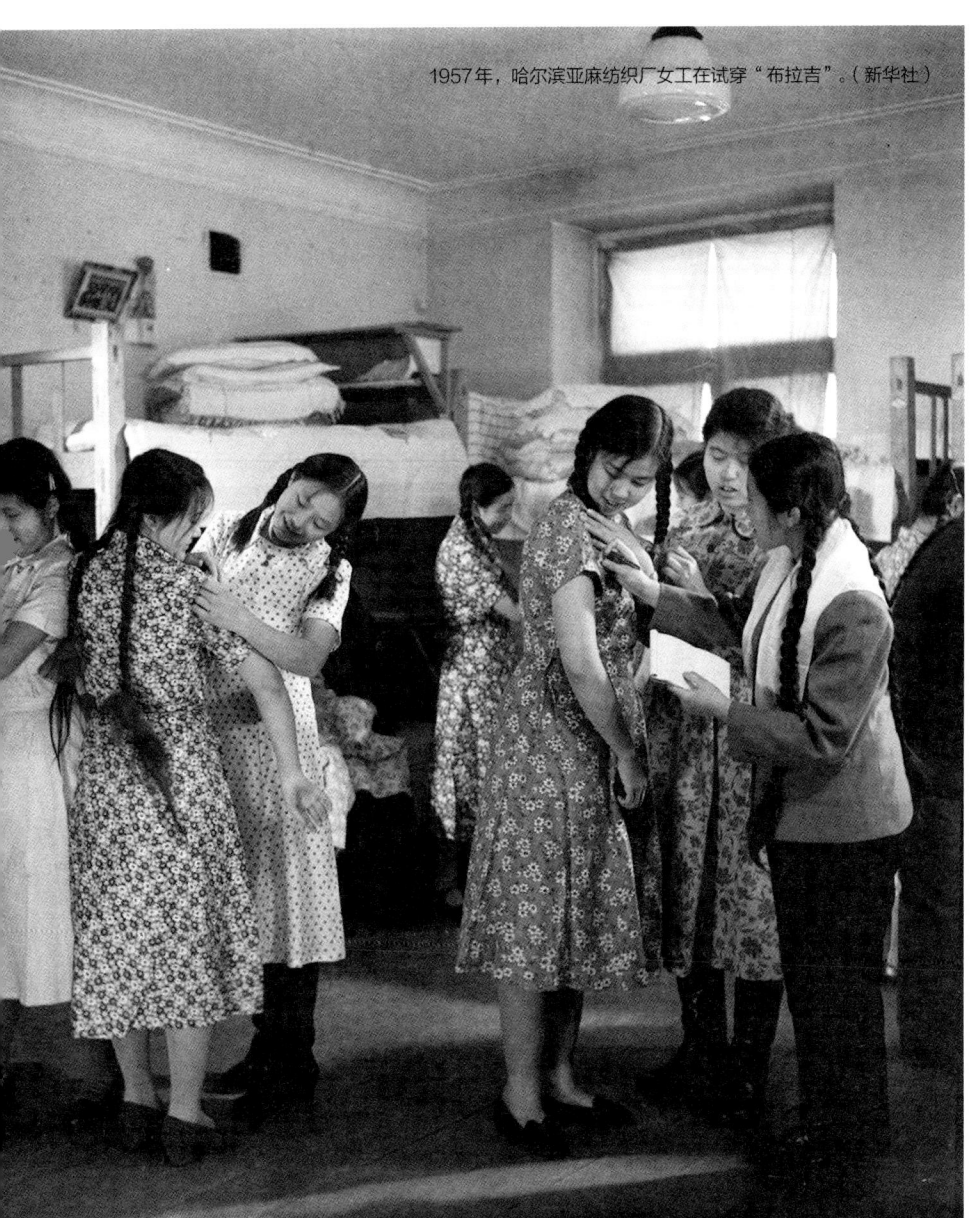

1957年,哈尔滨亚麻纺织厂女工在试穿"布拉吉"。(新华社)

自是不言而喻。"胡女士在文章中讲述了当时布拉吉流行的盛况:"连幼儿园的小女孩也都有了属于自己的布拉吉,大街上的漂亮姑娘更是穿着五颜六色的布拉吉。当时的女同志几乎每人一件,大概穿不穿布拉吉,不仅仅是风尚的取向了,更多的是思想觉悟的问题。"胡女士文章讲的"思想觉悟问题",现在的年轻读者可能不完全理解其含义。她的意思是说,当时身着苏联风格的布拉吉,不仅是对美的追求,还是一种政治倾向的表达——表示对苏联社会主义的向往。

"布拉吉"是一代中国人的青春记忆。那是劳动竞赛、英雄崇拜、义务奉献、营火晚会、歌咏比赛、手风琴、抒情诗的岁月,人们单纯、真诚、乐观、向上,国家到处洋溢着建设新生活的热情。"所有的日子,所有的日子都来吧,让我们编织你们,用青春的金线,和幸福的璎珞,编织你们……"成书于1956年的长篇小说《青春万岁》中的这些诗句,抒发的是青年作家王蒙对那个时代的真情实感。在那个年代各城市盛行的周末舞会上,"布拉吉"是浪漫舞场上旋转的精灵。

列宁装是女士们青睐的另一种苏联风格的服装。列宁是苏联的创立者,在那个年代,他是中国人民无比敬仰的世界革命领袖,他喜欢的装束,自然会在中国风行。列宁在世时经常穿着一种在西装基础上改造设计的服装,其基本款式是:衣领可以敞开

电影《英雄儿女》剧照中穿列宁装的中国人民志愿军女战士。

和闭合;敞开时领口呈V形,闭合时左领上角纽扣与右领上角相扣以包围脖颈;左胸部置口袋用以插放钢笔和笔记本,左右腹侧置有斜插袋各一个。列宁装是男士服装。大概是由于当时中国男装的主阵地已被中山装占领,列宁装遂演变成了女装。改造过的女式列宁装,置有大翻燕子领,门襟缀有双排扣,腰部略微内收勾勒女性的腰身曲线,并附有一根宽腰带用以收腰,这些设计使得这款以阳刚为底色的服装揉进了柔美的韵致。

列宁装让女性显出干练而大方的气质，自然大受青睐。它最初的流行地是与苏联有着广泛交往的中国东北地区。早在新中国成立之前的5年间，在中国共产党领导的东北根据地，列宁装就开始出现。着列宁装的多是政府机关干部和职员等。新中国成立后，列宁装迅速流行开来，成为国家机关工作人员、职员和一般知识女性的最爱。在许多拍摄于那个年代的影片中，在当时的画报类期刊中，以及在今天有着众多读者的《老照片》等图文书中，经常可以看到剪着短发、身着列宁装的中国女性形象。列宁装是那个时代中国女性的革命行头。

从50年代末开始，中苏两党两国关系出现裂痕，以至于走向对抗。两党先是在意识形态领域进行公开论战，后来苏联方面将两国执政党之间的分歧扩大到国家层面，撤走所有援华专家，撕毁合作协定和商业合同，中止一切援助。随着两国关系恶化，双方贸易急剧下降，甚至在边境地区不时发生军事冲突。

从50年代末开始的中苏两国关系恶化，是20世纪重大的历史事件。在双边关系上，中苏两国结束了在政治、经济、军事、外交等方面的全面同盟关系；在国际上，二战后形成的以苏联为首、横跨欧亚大陆的十几个国家组成的社会主义阵营走向分裂；中国与美国、欧洲以及其他地区国家的关系也因这一事件而逐渐发生深刻变动，影响了整个20世纪后半期的国际格局。

中苏两国政治关系的冲击波，迅速扩展到文化领域。互派留学生、学者互访、相互举办展览会、相互参加体育赛事和国际会议、文艺团体交流演出等等都停了下来；1962年以后，中国不再公开出版俄罗斯及苏联当代作家的作品；除了《列宁在十月》《列宁在1918》等少数几部苏联影片还在上映，其他绝大多数苏联影片从中国银幕上淡出了。在这种大的政治、社会和文化氛围下，带有苏联风格的服饰就显得不合时宜了。大街上可见的布拉吉和列宁装日渐稀少。二十年后，更加绚丽多彩的连衣裙飘舞在中国的大街小巷，但列宁装不再露面。列宁装和布拉吉流行的十几年，沾满了新中国最初创业之路的风尘，见证了时代的风云变幻。

新中国成立后，中山装、列宁装、布拉吉的流行主要限于城市居民，在广大农村地区，大多数农民的主要衣装还是数百年一贯制的对襟上衣和缅裆裤。人们熟知的影片《红高粱》中，出嫁坐轿的九儿和赤裸上身抬轿的几个男人穿的就是这种衣服。上衣的制式，男子的多为对襟短衣，妇女的多为左边开襟的短衫，裁剪缝纫时，长度和肥瘦也只是大致估量一下。至于下衣，无论男女老少，裤装均为缅裆裤。

缅裆裤最显著的特点是其又高又肥的裤腰。裤腰的高度接近腋下；裤腰肥大近乎标准大号麻袋的口径，穿裤人如果低头缩肩，可以把自己装进去。如此肥大的裤腰，固定时必须在腹部折

1973年,北京,故宫城墙外。两位老年女性穿的是缅裆裤。(视觉中国)

叠，然后用某种织物带子扎紧。因裤腰折叠，腹部前面就有三层裤腰叠加堆积，形成一个凸起；如果是冬季的棉裤，腹部前面的堆积更大。缅裆的"缅"字，这里是"折叠"的意思，缅裆裤的名称即由此而来。这样的裤型，没有裤兜，也没有前开门或侧开门；无所谓量体裁衣，无须考虑腰围、臀围和裤裆的长度，剪裁布料时只需大致估算一下身高、腿长和体型胖瘦。从样式和颜色看，几乎没有两性的区别，颜色以黑、灰、蓝为主，人体外形之美也一概遮蔽。衣服面料除了机器纺织的"洋布"，还有农民自己用简易织布机纺织的粗棉布、麻布等，衣着显得特别单调土气。这种衣服的缝制，完全无须专业训练，是成年女性从母亲那里学到的必备技能。自中国实行改革开放新政策以来，缅裆裤在农村逐渐消失，今天中年以下的人们只能在他们祖父、曾祖父辈年轻时的照片中、在影视作品中才有机会见到。新中国成立后的一个时期里，广大农民依然穿着数百年相因的装束，可见当时农村的生产和生活方式还没有开始现代化的进程，对于几十年之后发生的变化，用"天翻地覆"形容实不为过。

  从60年代中期开始的十多年间，在大街上一看便知，最受青睐的是草绿色军便服。草绿色的军装、军帽和军鞋成了时尚。尤其是青年学生，对军装的追求达到了痴迷的程度，有人甚至将其作为婚礼服。

1979年3月,北京,在长城上喝可乐的男孩,上衣的颜色和款式是对军装的模仿。
(视觉中国)

20世纪80年代中期,男女青年穿军大衣在街头翩翩起舞,绿军装依然没有过时。(视觉中国)

大人对军装的喜爱甚至影响到了孩童和青少年。2019年8月5日《沂蒙晚报》上赵超越先生在文章中回忆了自己儿时对军装的向往："我出生在20世纪60年代末。那个时候，人们都非常崇拜解放军，我也一样，崇拜的同时，更喜爱绿军装。那种喜爱，不是一般的稀罕，而是心驰神往，是小孩子纯粹的、百分百纯净的着迷，是真正的迷恋。"在那个年代的照片中，经常可以见到一脸稚气的孩童穿着皱巴巴的仿军装样式的草绿色上衣。当年的孩子们当然不会知道，他们身上的衣服样式和颜色是一个时代的表情。

那是一个英雄崇拜的年代。

六七十年代的人们，特别是年轻一代，对英雄的崇拜扩展至军人崇拜，进一步延伸至对军装的追捧。

新中国成立后，党和政府特别重视英雄模范人物对社会大众精神生活的引领作用，而当时的英雄模范大多是军人：狼牙山五壮士、张思德、董存瑞、黄继光、邱少云、杨根思、南京路上好八连、雷锋、欧阳海、王杰、刘英俊、麦贤得……这些军人或军人群体的名字，在那个年代人人耳熟能详。他们的画像悬挂在教室、会议室等场所；他们的故事被写成诗歌、小说、散文和报告文学，被编成舞台剧和拍成电影；作曲家们创作颂扬他们的歌曲；画家们大量创作以他们的形象和故事为题材的绘画作品。在那个年代的社会各群体中，军人是最受信赖和尊敬的，是名副其实"最可爱的人"。军人是权威、荣誉、信任、安全的象征，军人的装束自然会产生很强的吸引力，成为普通民众、特别是青年学生模仿的典范。对军人的尊崇孕育了喜爱军装的心理基础。

那是一个社会生活准军事化的年代。

早在1958年农村全面实行"人民公社"制度时，中央政府就提出了"组织军事化、行动战斗化、生活集体化"的口号。所谓组织军事化，就是农村的劳动组织像军队那样组织起来，"大规模的农业生产队伍同大规模的工业生产队伍一样，是一支产业军"。当时描述生产活动的语言也带有军事色彩。农民的田间劳作叫作"战天斗地"；集中大量人力在限定时间内完成某一工程，叫作"大会战"，参与施工的农民团队也按军队建制被称为营、连、排、班；夏季收获、播种、田间管理三个环节的劳作叫作"战三夏"，等等。

军事化的一个特点是整齐划一。自60年代中期以后，服装不再体现个性，服装的性别差异也日渐模糊——女装趋向男性化，男女服装多为单色，中国的大街小巷成为"灰、蓝、绿"的世界，在款式上也趋于统一。

那是一个艰苦朴素的革命传统依然持续发力的年代。

1973年，京郊长城上的游客。蓝、黑、灰是当时中国人衣服颜色的主色调。（视觉中国）

从新中国成立到六七十年代，中国经济整体上仍比较落后，人民的消费维持在温饱水平，不具备追求多样、个性化消费的物质条件。同时，中国革命取得胜利不过十几二十年的时间，从战争年代过来的人们依然保持着艰苦朴素的作风，对花哨、暴露、异样、华贵的服饰则报以冷眼，认为那是轻佻、爱出风头，带有剥削阶级的气味。作家吴伯箫1962年发表的散文《记一辆纺

1978年,江苏无锡,在宣传栏前阅读报纸的行人,衣服全是蓝灰色。(视觉中国)

车》,记述了抗日战争时期他在革命根据地延安同干部和战士一起纺线织布,制作衣服的经历和感受:"那个时候,人们对一身灰布制服,一件本色的粗毛线衣,或者自己打的一副手套,一双草鞋,都很有感情。衣服旧了,破了,也'敝帚自珍',舍不得丢弃,总是脏了洗洗,破了补补,洗了一水又一水,穿了一年又一年。衣服只要整齐干净,越朴素穿着越称心。华丽的服装只有

1939年，中共中央所在地延安的机关干部在窑洞前手工纺线。（视觉中国）

演员演戏的时候穿,平时不要说穿,就连看着也觉得碍眼。在延安,美的观念有更健康的内容,那就是整洁,朴素,自然。"

这样一种在战争年代养成的服饰美学,在二十多年后的和平环境中依旧被大力张扬着。1962年,解放军南京军区话剧团首演了话剧《霓虹灯下的哨兵》,剧本讲述了上海解放初期驻守南京路的一个连队的干部战士,抵制花花世界灯红酒绿的诱惑、保持艰苦朴素革命传统的故事。毛泽东主席等领导人观看后给予了高度评价;周恩来总理曾先后三次观看。该剧火爆全国,热度最高时甚至一票难求,曾出现全国一百多个话剧团同演一部戏、各剧院场场爆满的盛况。1963年4月,中国国防部授予八连"南京路上好八连"称号;5月8日,中国影响力最大的报纸《人民日报》发表了《永远保持艰苦奋斗的革命精神》的社论,号召人们向"南京路上好八连"学习。

在全国学习"好八连"的热潮中,周恩来总理要求把"好八连"的故事搬上银幕。1964年,上海天马电影制片厂摄制了电影《霓虹灯下的哨兵》,"好八连"的影响扩展至全国每个城乡。剧中有一个情节:三排长陈喜随部队进驻繁华的南京路后,受到环境影响开始追求物质享受。他扔掉有补丁的袜子,换上了新花布袜子;他嫌弃不远千里从农村来军营探亲的妻子春妮太土气,不愿意她到街上去"丢人";他还当着春妮的面甩下他们的定情物——春妮为他手工制作的装有缝补衣服用品的针线包，转身离开，由此引出了春妮对连队政治指导员鲁大成的一番倾诉："指导员，我非常难过，不是为自己，是为陈喜。我们俩从两小无猜到参加革命，没有发生过一次口角……谁想刚刚胜利，刚刚进入大城市，陈喜的思想就起了变化，多大的变化呀！我密针细线给他缝的布袜扔掉了，那绣着一双鸳鸯的针线包，是我做姑娘的时候，背着人偷偷给他缝的，也当着我的面扔掉了！指导员，他是把部队的老传统扔掉了，把老区人民的心意扔掉了，把他自己的荣誉扔掉了！指导员，我多么为他难过，党培养他这么多年，他没倒在敌人的枪炮底下，却要倒在花花绿绿的南京路了！我真为他的前途担心！"

春妮这段台词表达了故事的主题，也是那个时代精神乐章的主旋律。50年代中期曾有短暂的"布拉吉"的花花绿绿，但从新中国成立到70年代末的30年间，简单朴素始终是中国民众服饰的主调。春妮送给军人丈夫的针线包，现实中几乎是官兵的标配，由此可知当时的军人穿补丁衣服并不鲜见。艰苦朴素之风备受推崇，以至于成为时尚。

1979年，歌唱家李谷一演唱了歌曲《乡恋》。在此之前，中国公众几十年来听惯了革命歌曲，其内容是激烈的革命战争、火热的建设工地、高大的先进人物等；其形式是旋律和嗓音

话剧《霓虹灯下的哨兵》剧照,老兵陈喜特别在意自己的仪表。(视觉中国)

的"高、快、响、硬"。李谷一的《乡恋》,唱出了对美丽爱情的依恋;她采用的气声唱法使声音显得温情、缠绵、舒缓,极富感染力,在多年严肃凝重、千曲一调的空气中,吹进了些许清新的风。虽然在其后的数年间,李谷一的歌被斥为"靡靡之音"而受到批评和排斥,但它的现身也透出了一丝消息:中国在变。

1980年,中国中央电视台引进的美国科幻连续剧《大西洋底来的人》出现在每周四晚8时的电视屏幕上。这是中国第一次引进美国的电视剧。在被科幻剧情吸引的同时，中国观众也被男主角麦克的太阳镜和和牛仔裤迷住了。

1980年，爱情故事片《庐山恋》公映。在回避性感画面数十年之后，影片以新中国电影史上第一次出现的吻戏，给了观众极大的视觉冲击。而就在此前不久的1979年5月，《大众电影》杂志封底上刊登了英国影片《水晶鞋与玫瑰花》中王子与灰姑娘的接吻剧照，一位对此极度排斥的读者在公开信中表达了愤怒，并引发了一场全国性的大争论。除了性感镜头，《庐山恋》女主角不断变换的43套青春靓丽的时装给了全国观众美的视觉享受。世界著名服装设计师皮尔·卡丹于1979年刚刚尝试把时装发布会带到中国，《庐山恋》女主角的扮演者张瑜已经以秀美的庐山山水为T台，在中国上演了一场宏大无比的时装秀。特别是那款牛仔裤和那款裤管紧绷、裤腿喇叭开口、长到拖地的喇叭裤，让中国的年轻人如痴如醉，那简直就是美丽青春的定义。当然，当时的中国还谈不到时装业，《庐山恋》女主角的43套时装大多购自香港。但人们爱美的天性已被激发，它是那样地不可遏制，很短时间内，中国许多城市的街头就出现了戴太阳镜、穿喇叭裤的年轻人，或许手里还拎着一台播放着流行歌曲的收录机。在那个低收入年代，一条喇叭裤大概相当于一个职工两个月的工资，买不起或根本就买不到，于是人们就用手头便宜的布料自己做，有

《庐山恋》剧照,女主人公的牛仔裤在当时的中国人看来特别新潮。

1981年,陕西西安,身穿喇叭裤跳迪斯科的青年。(视觉中国)

1995年10月,上海,戴着墨镜路过时装橱窗的青年男女。(视觉中国)

个轮廓就行。著名导演贾樟柯编导的电影《站台》中,主人公崔明亮请母亲将普通裤子比照广州朋友带来的喇叭裤进行改造,这个细节再现了那个年代的青年人对喇叭裤的追捧热度。

历史相册翻到此处,读者会感觉到,中国历史到了风陵渡口,巨大的转折正在发生,她的前途如滔滔黄河,此地一个艰难转身之后,一路向东浩荡入海。

历史的转折点定格在《庐山恋》上映两年前的1978年底。

1978年12月18日至22日,中国共产党十一届三中全会在北京举行,全会总结了建国以来党在思想理论、政治路线、组织制度、方针政策等方面的经验和教训;会议果断地放弃"以阶级斗争为纲"的指导思想,决定把党的工作重点转移到社会主义现代化建设上来。这次会议做出的决定,实现了新中国成立以来党的历史上具有深远意义的伟大转折,开启了我国改革开放和社会主义现代化建设的新时期。这次会议做出的决定,将改变中国,甚至将改变世界。

中国走上了改革开放的新征程。

改革,是对内部而言的,就是要改革不适合经济和社会发展的经济、政治和其他各方面的制度。

1978年11月,安徽凤阳县小岗村的18位农民,冒着被处罚的风险,决心改变当时法律和政策所规定的农业生产管理体制，抛弃"吃大锅饭"的平均主义分配制度，实行家庭联产承包责任制。这种新制度，简单说就是：农民以家庭为单位的劳动成果"交够国家的，留足集体的，剩余都是自己的"。18位农民的行动，得到了大力推动改革的中国领导人的肯定。中国农村以及整个国家改革的大幕开启了，亿万农民的生产积极性被激发，农业生产和农村经济迅速发展起来。

农村家庭联产承包责任制以及先进农业技术的采用极大地提高了农业劳动生产率，有限的土地资源和庞大的农村人口的矛盾尖锐起来，大量劳动力过剩。中国农民创造性地通过发展乡镇企业找到了出路。中国农民的这一举措，不仅使农村的生产要素在工业和商业领域找到了新的发展空间，而且突破了生产资料公有制和计划经济一统天下的局面，推动中国向多种经济成分并存的市场经济迈进。

中国共产党和政府顺势而为。1984年10月，党的十二届三中全会通过了《中共中央关于经济体制改革的决定》，宣告改革的重点由农村转向城市。决定指出：改革的任务是"从根本上改变束缚生产力发展的经济体制"，建立"公有制基础上的有计划的商品经济"。

开放，是对国外和境外而言的，就是要打开国门，对外开放，学习外国的一切先进经验和先进技术。

1979年，中国政府决定广东和福建两省在对外经济活动中实行"特殊政策、灵活措施"，并在深圳、珠海、厦门、汕头试办经济特区，鼓励采取一切措施引进外资，引进先进技术和管理经验。

在深圳等经济特区取得成功经验的基础上，1984年中国政府决定开放北起辽宁大连，南至广西北海的14个港口城市；从1985年起，长江三角洲、珠江三角洲、闽东南地区和环渤海地区开辟经济开放区；1988年，中国面积最大的经济特区——海南经济特区建立；1990年，更具战略意义的上海浦东经济新区成立。从沿海到内地，从工业到商业、金融和其他服务业，中国形成了全方位、多层次、宽领域的对外开放格局。经过15年的努力，2001年11月，中国成为世贸组织新成员，标志着中国向世界完全敞开了大门。

对内改革和对外开放同时发力并相互激荡，极大地解放了生产力，人民生活水平快速提高。改革开放之初，中国是个几乎与世隔绝的国家，有2亿人生活在贫困线下。到20世纪末，仅仅20年的光景，中国就成了市场活跃的强大经济体，成为新的世界工厂。

改革带来新气象。中国社会焕发出自由奔放的气质，人民脸上洋溢着朝气，眼睛里充满着希望，热切地拥抱着新的观念

1980年，广东深圳，正在建设中的深圳蛇口。（视觉中国）

2020年7月,深圳蛇口片区。40年发展今非昔比。(视觉中国)

和事物；人们越来越自信，越来越独立，个性越来越张扬，越来越开放。无数曾经被封禁的图书开放了，同时又涌现出一大批优秀作家，他们在不断地贡献着新的作品；一大批曾经被封禁的电影重回银幕，现身荧屏，同时又不断地涌现出无数新的影视作品，越来越多的港澳台影视剧与西方影视佳作走进了百姓的文化生活，于是我们看到了《上海滩》《霍元甲》等大量佳作，也有机会邂逅《大西洋底来的人》中的帅哥麦克、《加里森敢死队》中与德国纳粹搏杀的加里森和他的战友们；流行音乐真正在中国流行起来了，人们不仅痴迷于李谷一、蒋大为、王洁实、谢莉斯、关牧村、成方圆、朱明瑛等内地歌星，也追逐着许冠杰、谭咏麟、张国荣、邓丽君、梅艳芳、张学友、刘德华等港台歌手；1986年，崔健的《一无所有》《不是我不明白》入选"世界和平年百名歌星演唱会"纪念专辑，标志着摇滚乐这一长期在中国被排斥的音乐形式拿到了准生证；1980年，画家罗中立创作了油画《父亲》，画面是一个贫困老农，肤色黝黑、满脸沟壑、嘴唇干裂，神情迷茫而又透着憨厚与善良，如此充满反思和批判精神的作品广受赞誉，表明美术家们可以自由地发挥天赋和思想；1988年，中国美术馆举行"油画人体艺术大展"，对一向忌讳谈"性"的中国人产生了强烈的吸引力，短短18天参观人数超过20万，表明公众对曾经的"异端"也越

当代画家罗中立1980年创作油画《父亲》。四川美术学院2020年在建院80周年院庆活动中,展出了这幅创作于40年前的作品。(视觉中国)

来越包容、接受,而就在10年前,《大众电影》封底上的一帧接吻照曾引发全国大争论;1984年国庆大典游行队伍中,北大学生突然对着天安门城楼打出"小平您好"的横幅,在如此重大的国家庆典上,学子们没有请示,随意用一句最朴实的问候语像对熟人、好友、亲朋那样表达对领导人的敬意,这一场景通过声像瞬间传遍世界,一下子就让世界感受到了中国社会的轻松、随意、包容、开放。

1984年10月1日国庆游行队伍中,北大学生突然对着天安门城楼打出"小平您好"的横幅,尽情地展示亿万中国人对这位改革开放总设计师的好感。(视觉中国)

经济、政治、文化生活,到处弥漫着开放的空气,怎能设想人们的着装不是丰富多彩的呢?当然,大潮奔涌前行中,局部的回旋还是会有的。曾有一度,年轻人爱得要死要活的喇叭裤,被一些"古董"人士视为洪水猛兽,是"二流子"的标识;个别地方还组织巡逻纠察队,专门查禁喇叭裤。但是,闸门既已打开,大潮是不可阻挡的。喇叭裤、牛仔裤、中山装、绿军装、夹克衫、工作服、马甲牛仔外套、花衬衫、连帽衫、T恤衫、运动服、休闲装、短裙、各种款式和颜色的连衣裙……人们对衣服的选择只考虑自己的形体、气质、舒适度、场合等,只求穿出特点,穿出个性,穿出回头率——多元社会的服饰必然是百花齐放。

1982年,广州高第街时装摊档,女老板在档口下等待买主。(视觉中国)

1987年2月20日晨，上海，北京西路石门路蒙丽莎时装公司橱窗前站满了等待开门的顾客。（视觉中国）

1996年，上海淮海路的时尚青年。（视觉中国）

该西装上场了。

19世纪以来,西方国家在世界政治、经济和军事上处于优势地位,使西装成为世界普遍接受的商务和其他正式场合的正规服装。新中国成立前,西装在中国已有上百年的历史。19世纪40年代,西装传入中国;1911年中华民国成立后,民国政府将西装列为礼服之一;1915年受到以学习西方为宗旨的新文化运动的推动,中国西装业取得了很大的发展。

1930年,福州的一位父亲与两个儿子合影。许多福建人移民海外,穿着带有南洋风情,西服也是浅色轻装。(视觉中国)

新中国成立后,带有鲜明西方特色的事物大都受到排斥。因此,改革开放前的30年间,西装从大陆中国人的衣柜里完全消失了。对外开放,重要的是对西方开放,中国经济欲与国际市场接轨,中国人再度接纳西方服饰文化是必然趋势。中国领导人敏锐地注意到了这一点。80年代中期在深圳的一次会议上,国家领导人看到与会地方干部全都身穿灰色中山装,遂说道:"你们穿的衣服怎么还是老样子?怎么还没有一点变化?我赞成你们穿西装,因为你们经常要出场,要同外商打交道,人家的第一观感就是穿着服饰,老是过去的样子,人家就觉得你这里还很落后,没有什么变化;来你们这里投资担风险,不放心。"开放过程中对外交往的需求,加上领导人的直接推动,使穿西装打领带很快成为时尚。现在,西装早已成为中国男性最为普及的装束,特别是在比较正规的场合。当然,在国家层面的特别庄重、严肃的场合,如国务会议、国家典礼等,国家领导人经常身穿中山装。中国在与世界的交往中始终保持着自己的特色,自然地,不管西装如何普及,中山装必定和西装一道担当着礼服的角色。

20世纪50年代,中国流行过带有苏联社会主义模式印记的列宁装和布拉吉。50年代至70年代,流行过中山装和绿军便装。进入80年代中期,带有开放之风的西装开始流行。但

1979年8月,上海,商品橱窗内中山装和西服并立,不经意间定格了那个交错转折的年代。(视觉中国)

1986年10月，北京天安门广场，一位穿中式服装的老人和他穿西服的孙子。（视觉中国）

1990年4月，成都街头，一位身着西装的农民小伙，背着行囊、手提黑白电视机进城找工作。（视觉中国）

直到80年代末为止，新中国成立后的40年间，具有中国格调、中国气派的传统服装始终隐身在历史的幕后，等待出场的指示灯亮起。真正有民族生命力的精粹，可能一时沉寂，但不会消失。

进入90年代，一款具有中国特色的民族传统服装终于亮相，她就是旗袍。1990年9月22日至10月7日，第十一届亚洲运动会在北京举行。除了雄伟的比赛场馆和激烈精彩的赛事，给世界留下深刻印象的还有身着中国传统旗袍的礼宾小姐们。在开闭幕式和一场接一场的颁奖典礼上，美丽高挑的中国姑娘身着用料考究、剪裁得体、花色养眼的旗袍，尽情地展示着中国女性玲珑有致的身材曲线，演绎着别具韵味的东方风情，让世界为之惊艳，也让世界现场感受了中华民族服饰文化的深厚底蕴。

旗袍堪称历史最悠久的人类服饰，其源头可溯及2000多年前先秦时期的深衣——一种肩、胸、腰、臀平直裁剪，上衣下衣连缀的桶状袍服，着装之女子，身体曲线完全屏蔽。及至近代，在欧风美雨深度浸淫的广州和上海，这一传统中式服装与西式服饰审美邂逅。在汲取欧式女裙束腰的理念后，以腰身曲线勾勒、三围性感表达、美腿肌肤侧露为特征的现代旗袍于20年代诞生了。当时的造型设计在相关辞书中解释为："直领，右斜襟开口,紧腰身,衣长至膝下,两边开衩,袖口收小。"此后约30年间,随着人们审美情趣的变化,在领型、袖型、开襟方式、裙摆款式等细节上演绎出多姿多彩的样式,但基本保持了立领、盘扣、右襟全开或半开、收腰、侧摆开衩等特征。

这种"传统为体、现代为用"的体现民族精神的服装一问世,便大受女性青睐。旗袍合体束身的线条,再搭配以高跟鞋,使女性身材愈显纤细婀娜,引得女学生、女知识分子、女艺人、女职员、官绅太太等社会各阶层各行业女性争相追捧。1929年4月,民国政府颁布《文官制服礼服条例》,将旗袍确定为国家礼服之一,自此,旗袍成了交际场合女性的常礼服。

在50年代后的中国大陆,展示悠闲、舒适淑女形象的旗袍被视为"封建糟粕""资产阶级情调",从而弃置深宫。这期间,偶有陪同领导人出国访问的夫人为以优雅姿态示人而穿着旗袍,都不过是昙花一现。

中国人的爱美之梦被改革开放的晨钟唤醒,再次与世界深度交往的中国也迫切需要一款展示中华民族传统审美趣味和精神风貌的服饰,这为旗袍步出深宫再度走向前台打开了通道。1983年,中国外交部发布《关于参加外事活动着装问题的几点规定》,建议外事活动中"男同志着中山服,女同志最好穿旗袍或长裙";各地方《公务员着装礼仪》也建议女性公务员以旗袍

1930年代,民国影后阮玲玉身着旗袍。(视觉中国)

1940年,三位女士身穿旗袍站在北京北海的一处石桥上。(视觉中国)

为正装礼服。或许旗袍温婉而略显含蓄的气质不太适合国门初开之时那躁动兴奋、奔放无羁的风气,所以这一最能体现女性身材的服装当时未能流行。获得新生的她尚需待字闺中,静候识得桃花面的卷帘东风。

旗袍的季节来了。

1990年的亚运会是她的第一个高光时刻。自此开始,所有在中国大陆举行的国内和国际大型体育赛事、国际会议,以及各种博览会上,旗袍总是典礼上的一抹亮色。

不计其数的全国、地区、行业以及国际选美大赛、模特大

2010年11月18日,广州亚运会上身着旗袍变形款——旗袍裙的颁奖礼仪小姐。(视觉中国)

电影《花样年华》剧照,张曼玉饰演的女主角身穿优雅的旗袍。(视觉中国)

赛、礼仪小姐大赛等，凡佳丽如云的场合，中国旗袍总是最典雅的存在。

每年成千上万次的毕业典礼上，在庄重学位服映衬下，穿旗袍的礼仪女生总是最抢眼的。

在北京、上海等城市每年一届或两届的时装周上，不时有身材高挑的旗袍姑娘迈着轻盈的猫步，伴着舒缓的音乐从观众面前款款走过。

在每年千万次的婚礼上，新娘披着白色婚纱，新郎身着笔挺的西装，许多母亲则身着旗袍出席儿女们人生最隆重的时刻。

每年中考、高考的考点外，不少送考生的家长都会穿上旗袍，取"旗开得胜"的好寓意；在颜色上，家长们大多选择红色或紫色，寓意儿女们的前程"大红大紫"。

旗袍是中国的，也早已是中国走向世界的一张靓丽名片。服装设计大师皮尔·卡丹说，"在我的晚装设计中，有很大一部分作品的灵感来自中国的旗袍"；旗袍爱好者中不乏外国驻华使节夫人、喜爱中国文化的体育明星、包括詹妮弗·洛佩兹在内的好莱坞巨星等；不少外国游客把定做一款旗袍作为中国之行最具特色的纪念品；在东亚和东南亚儒家文化圈国家，许多女性保留着穿旗袍的习惯。作为中国和世界华人女性传统服装的旗袍，是人类服饰文化史上最绚烂的篇章。

武汉一高校运动会开幕式上,该校女教职工进行旗袍走秀。(视觉中国)

又一个10年过去了。2002年中国农历春节期间,一款被称为"唐装"的中式男性上衣爆发式流行起来,都市城镇的大街小巷,到处可见人们身着这种诉说着怀旧情绪的服装走亲访友或休闲游览。

唐装是流行于清代和民国时期的马褂的改良版,但其基本要素,如立领、对襟、手工制作的布纽扣等,也是中国服装上千年的历史传统。因此,21世纪初期流行的唐装是以经典传统为基础,在款式、面料和工艺等方面融入现代时尚的创新之作。

直接引发唐装爆发式流行的是2001年上海APEC峰会。

亚太经济合作组织领导人非正式会议自1994年以来形成了一个传统,即领导人们身穿东道国提供的有本国或本民族特色的便装入会。唐装就是主办上海APEC会议的中国政府隆重推出的具有典型中国特色的民族服装。2001年10月21日上午,身穿唐装的20位APEC经济体领导人在上海科技馆一亮相,这款糅合了中华悠久历史传统和现代元素的时装立刻吸引了世界的目光。三个多月后,许多中国男士身着"火"起来的唐装欢度农历春节。

但是,把唐装的爆发式流行仅仅归因于APEC峰会,那就过于简单了。

身着唐装的驻沪外籍女士。(中新社)

十年前旗袍归来，人们已经感受过传统的力量。

再往远处回望，80年代早期，人们听到了中国领导人鼓励穿着西装的声音。也是在这个时间节点上，中国政府倡导女性重新用旗袍打扮自己。

这很有意思。在打开国门、对外开放、向外国学习的同时，中国也在向自己的优秀传统回归——吸收外来文化与回归优秀传统文化是改革开放之后中国人精神文化生活同步发展的两个方向，而每个方向的进步驱动，也都是民间和政府两种力量的相向发力。

差不多与40年前开始的改革开放同步，在中国的基层社会，出现了重修祠堂、复建寺庙、复兴传统节日、回归旧时婚丧嫁娶仪式、部分学者在民间宣讲儒家学说等风气。民间自发组织，这本身说明它有深刻的社会需求。

中国政府也启动了回归优秀传统文化的日程。在西装和旗袍同被提倡之时，中国孔子基金会于1984年9月在孔子故乡山东曲阜成立。基金会的性质和宗旨被规定为"全国性乃至国际性的学术基金组织。旨在通过募集基金，组织或支持国内及海外儒学研究，为弘扬中华优秀传统文化、建设有中国特色的社会主义精神文明服务，为增进海内外华人团结、促进各国文化交流服务"。基金会组建了包括时任全国政协副主席谷牧、全国人大常委会副委员长周谷城等国家领导人在内的政界、学界、商界知名人士共164人的理事会，以领导基金会的工作。为推动中华优秀传统文化的复兴而组成的管理"天团"，在当时并没有引起人们的注意。今天回过头去看，这应该是百多年来中华文化和中国人精神生活史上的标志性事件。

从清末最后40年的留学运动、五大臣出洋考察到民国初年的留法勤工俭学，从20世纪20年代赴苏联学习革命到50年代赴苏联学习建设，自19世纪中期以来，积贫积弱的中国开启了向世界列强学习的过程。学美国，学日本，学欧洲，学苏联……为寻求国家的出路，成千上万的中国人到海外学习，他们当中涌现出一大批近现代中国史上灿若星辰的人物。在这一过程中，特别是自新文化运动竖起反传统的"打倒孔家店"旗帜以来，以儒家学说为代表的中华传统文化被边缘化、被冷落、被批评。中国孔子基金会于80年代中期成立，绝不是一个孤立事件，它应被理解为邓小平在1982年9月中共十二大上发布的"走自己的路，建设有中国特色的社会主义"这一宣言的精神在文化领域的延伸；中国孔子基金会的成立，事实上开启了社会主义先进文化对中华优秀传统文化继承和发展的进程。

进程既已开启，便势不可挡。因为，急需道德重建的中国迫切需要中华优秀传统文化中的仁、义、礼、智、信的价值观和温、良、恭、俭、让的处世之道。1990年代，国学热起来了，各种规模、各种形式、各种层次的国学院、国学研究中心等，在国内著名高校先后成立；新千年开始不久，以传播中华优秀传统文化、促进各国文明交流为宗旨的孔子学院在韩国设立，并很快在一百多个国家建立了数百所之多。

一个唯一延续了人类最古老文明的民族，一个在世界民族之林人口占比最大的民族，一个宣布要走自己的路的民族，一个随着经济发展和国力强盛而日益自信的民族，如果没有能够展示自己独特个性、独特气派、独特风格的民族服装，将是不可思议的。中国传统服饰的回归是中华民族复兴的生动象征。

在中华文明史上，服饰从来都不仅仅与遮羞御寒及审美有关，更承载着中国的政治哲学、国家法度、社会变迁等天下大观。成书于3000多年前的中国最古老典籍《周易》，其《系辞下》有语云"黄帝、尧、舜，垂衣裳而天下治"，说的是古代圣君只需确定服饰的形制，便可以做到天下大治。可见，中华先民对服饰制度重视到何种程度。此后数千年，每个朝代都有服饰制度。从西汉司马迁的《史记》到中华民国初年北洋政府编纂的《清史稿》，连续记载2000年中国历史的25部官修史书，

1985年,北京天安门广场,穿着时尚的年轻人在堆雪人。(视觉中国)

1993年6月,北京天安门广场,一名穿着时尚的中国女孩和一位身穿传统制服的老人。(视觉中国)

2018年2月,长春,一名女孩身穿长款羽绒服,风雪中秀美腿。(视觉中国)

有10部专设记录服饰制度的《舆服志》,其他史书即便没有专设章节,也有穿插记载。历代服制对社会各等级、各阶层的服饰在面料、样式、颜色、配饰等方面都有严格的规定,僭越者将受到处罚,情形严重者会被施以刑法。辛亥革命后,服制与政治的关系发生了重大变化。新成立的中华民国政府虽然也颁布有《服制》,但废除了衣着的阶级和阶层的尊卑差别。孙中山先生对服装制作只要求"适于卫生,便于动作,宜于经济,壮于观瞻"。以中山装为例,上至国家元首,下至贩夫走卒,皆可随便穿着。

百年来的中国,历经社会革命、国家建构、改革开放、民族复兴等,每一重大的历史进程必伴有相应的服装表现。就此而言,服饰与政治、服饰与社会变迁的关系,依然可见中国历史传统的痕迹。

但毕竟只是痕迹。巨大的变化已经发生:除了"永不过时"的民族特色服饰,其余服饰愈来愈回归蔽体和审美本性。而审美,时时刻刻都在发生着变化:一种款式,还没流行就过时了;刚刚上架,就有新的款式在生产中,还有许多新款在设计中。甚至已经无所谓流行,"街上流行红裙子"的风景已经不大可能再现。大街上色彩斑斓,令人眼花缭乱,完全个性化,私人定制,自己喜欢就好。这一变化的背后,是技术进步、经济繁荣、产品丰富，人们选择的自主性越来越强。如果说百年前中山装引领的服饰变革表征着中国社会开始接受平等理念，那么，今天中国服饰的百花齐放则张扬着自由的精神。

外在的衣衫最深刻地展现着中国社会的进步。

二

鞋的故事

1992年,中国鞋业年产量近40亿双,成为世界鞋类产量第一大国。这一年,中国人口达12亿,平均每人三双多。

1992年,作家苏童发表了短篇小说《回力牌球鞋》。故事发生在"文革"时期的1974年,香椿树街上的少年陶喜得一双回

有"中国鞋城"之称的福建省莆田市,从20世纪80年代开始为国际知名品牌代工,如今仍是耐克、阿迪达斯、安德玛、安踏等中外高端品牌的重要代工基地。(中新社)

力牌球鞋,是他叔叔从上海带来的。为了显摆自己的新鞋,陶"迈着异常快乐和轻盈的步子"去会朋友,一路上"人像鸟一样有飞行或者飘浮的感觉"。不久,鞋不见了,陶怀疑被朋友偷了,于是提着菜刀去找朋友和熟人质问,结果被打成重伤。故事虽是虚构,却是那个物质生活匮乏年代的真实写照。过来人都知道,当时拥有一双名牌球鞋,那种自豪,那种满世界的人都在瞅着他的脚的感觉,那种珍惜到恨不得脚不沾地的心情,在那个年代,也只是少数幸运的少年才配享有,多数伙伴们只有羡慕的份儿。

从故事发生的1974年到中国成为世界鞋类生产第一大国的1992年,仅仅用了18年。又过了18年,到2010年,中国的鞋

2009年4月25日,北京第24届中国国际体育用品博览会,国产老品牌"回力鞋"重回市场。写有汉字的鞋,展现了经典产品的新魅力。(视觉中国)

产量约为123亿双，当年的世界人口为68.92亿。就是说，当时的中国有能力向全世界每人每年提供两双鞋。到新中国成立70周年的2019年，中国的鞋产量达134.31亿双，占世界鞋产量的60%以上，而且，中国鞋的实际产能要远大于产量。

中国鞋走到今天，一路望不到尽头的脚印清晰地记录着这个国家从贫困走向富足的历程。

在旧中国，用来制鞋的材料五花八门，草和布是常见的两大类。其中，用芒草、稻草、蒲草、芦苇、麻、棕、玉米皮等植物材料编制的草鞋，因几乎没有什么制作成本，多为普通百姓所穿用。材料是现成的，且取之不尽，编制工艺简单，所以，草鞋多为农民自己制作。特别是在中国南方，像妇女必须学会缝缝补补的针线活一样，制作草鞋是男人们必须掌握的生活技能。

草鞋极易破损。一双草鞋大约只能穿十几天。如果从事重体力劳动，则只能维持几天。长途步行，需随身带上备用的，以便随时更换。经常走路的人一年可能要穿破几十双草鞋。在一些地方，有急公好义的老人家会在闲暇时制作一些草鞋放在路边，供过路人免费取用。不过，只要旧草鞋还能穿，路人是决不会轻易换掉的，因为穿新草鞋是一件难受的事。普通百姓没有袜子，皮肤与新草鞋直接接触，走路经常磨起血泡，痛得厉害。旧草鞋不能穿时，宁可打赤脚。

草鞋在中国流行数千年，直到新中国成立后才逐渐消失。有关草鞋的记忆大多是苦涩的。清朝年间，浙江嘉兴有一首描写草鞋的民歌：

> 柴扒一堆草一束，推得鞋成力用足。
> 一双只卖几文钱，可怜推脱指尖肉。
> 推草鞋人手指痛，着草鞋人脚趾冻。
> 贫民一样父母生，受苦这般堪一恸。

民歌的字里行间充满了穷人制作和穿着草鞋的悲苦。

从清朝晚期到中华民国时期，城市部分居民有布鞋可穿，达官贵人们已经有了西式皮鞋。但在乡村，除了少数富裕人家，占人口绝大多数的农民仍然以穿草鞋为主，好一点儿的，会在草鞋内外裹以布面。

在那个年代，不仅平民，军人也常常只有草鞋可穿。1927年毛泽东在江西井冈山创立革命根据地，根据地的百姓和红军战士都是只有草鞋。1934年10月至1935年11月，中国工农红军从江西出发向中国北方实行战略转移，进行了著名的二万五千里长征。每天长途行军的红军将士大多穿着草鞋。他们一路上跨越了无数大山与江河，还要不时对敌作战。美国记者埃德加·斯诺

1917年,四川,街边穿草鞋的百姓。(视觉中国)

1936年10月,中国工农红军二、四方面军到达陕北,红军战士多穿草鞋。(人民视觉)

1936年在中共中央所在地延安采访，一位叫李长林的红军军官对他说，著名红军将领贺龙"率众约二万人——大多数赤着脚，处于半饥饿和筋疲力尽状态——到达西藏东部，与朱德会师"。美国作家索尔兹伯里为撰写长征历史，于1984年专程来中国，参加过长征的老军人告诉他，长征时，"冰天雪地里战士们还穿着草鞋。有些人找到破布把脚包起来，大多数人没有包，四肢冻伤了。有些战士是光着脚翻过雪山的"。没有鞋子穿就可能掉队，掉队意味着死亡。当时由邓小平任主编的蜡版油印报纸《红星》，在长征途中曾刊发题为《怎样解决草鞋问题？》的文章，表明长征途中红军战士赤脚行军不是个别情况。对许多红军战士来说，能否在长征路上坚持到底活下来，草鞋起了极为重要的作用。在当代中国人心目中，草鞋是中国革命艰苦卓绝历程的象征。

除草鞋外，布鞋在中国也有着悠久的历史，发展到19世纪中叶，还出现了北京内联升鞋店那样的著名制鞋企业。然而，整个民国时期，许多人的鞋子仍然以草编做骨架，表面包上一层布制作而成，家境好的人才穿得起棉布制作的鞋子。

穿布鞋的人少，有能力购买成品布鞋的人更少。无论城市还是乡村，绝大部分人的布鞋都是由自己家中女性成员手工制作的。通常的做法是，每个家庭成员都有一个根据脚的大小和

1970年代，北京，内联升鞋店柜台前围满了买鞋的顾客。（视觉中国）

脚型剪好的纸样，按照纸样裁剪鞋帮的布料；鞋底通常是七八层碎布叠在一起用较粗的线绳纳制而成，夸张的说法叫"千层底"；每个家庭主妇会备有一个叫作"鞋楦"的物件，即用木头制作的脚型模具，将分别制作好的鞋底和鞋帮布料固定其上，再用结实的麻绳将鞋底和鞋帮连缀在一起，一双简易的布鞋就做成了。

新中国成立后，人们的穿着条件逐步改善，不管城市还是乡村，穿着手工布鞋的人日渐增多。在今天的报刊和网络上，可以读到无数篇有关上世纪五六十年代做手工布鞋的回忆文章,主题大多是思念母亲、怀旧、乡愁、对简朴精神的敬意等。

唐朝诗人孟郊有"慈母手中线,游子身上衣,临行密密缝,意恐迟迟归,谁言寸草心,报得三春晖"一诗,一位名叫郝军的作者在一篇文章中写道,每当读起它,"便会想起母亲佝偻着背在油灯下做布鞋的情景;想到母亲做的布鞋,就想起母亲那双饱经沧桑、布满皱纹的双手,母亲把对子女的关爱一针一线地纳进厚实温暖的鞋底,慈母的爱像涓涓细流,流入我生命的血液中"。应该说,这样的文字表达的是现在五六十岁那代人共同的情感。在一篇题为《最后一双布鞋》的文章中,作者黄震回忆了罹患不治之症的母亲最后的时光:担心三个孩子受冻,离家去医院住院的前夜,母亲"洗漱完毕,便埋头在昏暗的灯光下,剪样纳底,做弟兄仨的新布鞋"。住院的母亲没能再回家,那一夜做的鞋子就成了母亲留给孩子们的最后念想。从这感人的叙述中,我们看到了母爱的伟大,也能感受到,孩子们能有一双合脚舒适的布鞋,在母亲心里是分量多么重的一件事。

对于普通百姓来说,那个年代的一双布鞋有多金贵,从人们的回忆中可见一斑。作家石湾在散文《想起父亲》中讲述了50年代中期父亲送他到异地上初中的经历:二十多里地,他和父亲一路上都打赤脚,快要到达学校时,他才在一个池塘里把脚洗干净，穿上母亲为他新做的布鞋，规规矩矩走进校门报到。

直到20世纪90年代，对一些经济条件比较拮据的人来说，布鞋依然很珍贵。在同名的另一篇文章《最后一双布鞋》中，作者陈建军记述了他带上母亲做的新布鞋外出求学的经历。作者回忆道，生活中的其他难处都能克服，唯独无法安顿心爱的布鞋：为了避免起夜的室友踩到，睡觉时要小心翼翼地塞到床底下；食堂地面的积水经常将鞋弄湿，没有鞋可以替换，次日只好穿着半湿半干的鞋子上课，因此，去食堂吃饭就成了作者的心病；鞋子破了，已经露出大脚趾，还舍不得扔，一直穿到学习结业。

总的来说，大约从20世纪80年代中期开始，也就是中国实行改革开放政策数年后，家做的布鞋开始逐渐淡出人们的生活。著名作家孙犁家里聘请帮厨的农村妇女柳嫂，有个伶俐勤劳的妹妹，为报答孙犁的帮助，柳嫂的妹妹曾两次为他手工制作布鞋。第一双布鞋精工细作，可惜有点小，后来做了第二双，穿着合脚，孙犁很满意，柳嫂却觉得"这活儿做得太粗了，远不如上一次"。柳嫂对孙犁说，这双鞋还是她妹妹"站在院子里，一边看着孩子，一针一线给你做成的哩。眼前，就是农村，也没有人再穿家做鞋了，材料、针线都不好找了"。孙犁80年代中期写作的

《布鞋故事》留下了那个年代的一个生活细节，当时，政府的农村新政策已经取得了明显成效，这个细节像一滴小水珠，折射出时代的大变化。就像孙犁文章结尾处所说的，"长期走过的那条饥饿贫穷、艰难险阻、山穷水尽的道路"消失了，"农民的生活变得富裕起来"。

　　在公共场所，简易布鞋已经消失二三十年了，但在居家生活中，现在仍有人穿。毕竟，简易布鞋具有透气、环保、吸潮、轻便等特点，特别适合居家休闲的老年人。价格也不贵，一般中老年布鞋的价格从十元到几十元不等，档次较高的在一百元以上。现在穿简易布鞋，与生活困顿无关，完全是一种闲适，一种爱好，一种简朴随意的生活习惯。偶尔有人在公共场合穿出来，就有可能成为大新闻。2014年4月，中国科学院大学的一次学术讲座上，主讲人李小文的一张照片在媒体走红。李小文何许人？他是中国科学院院士、中国遥感科技的奠基人和学术泰斗，是世界遥感技术领域位列前三的顶级科学家。有人说，他凭一己之力让中国的遥感科技前进了几十年。外表清瘦的李小文院士每次讲学都是一身粗布衣和一双简易布鞋。在那天的讲座中，简易课桌后面，低头看稿子的李小文院士素布青衣、光脚穿布鞋的样子被人拍下来发到了网上，引发无数人围观，一向不在社会公众场合露面的大科学家瞬间以"布鞋院士"的美称而名满天下。在

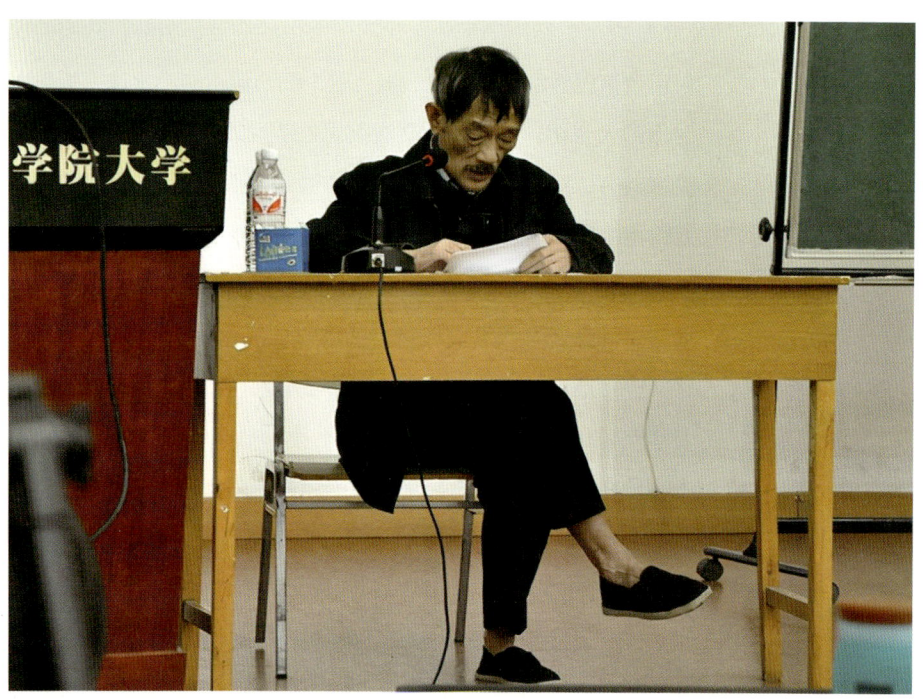

2014年4月,李小文院士穿着布鞋在中国科学院大学的学术讲座上。

勤俭节约精神离人们越来越远的当下,我们不由为这位功勋科学家的简朴低调所感动。2015年1月10日,李小文院士因病在北京逝世,来自全国各地的2000多位各界人士前来送别。告别仪式结束后,李小文的女儿将一双布鞋放在父亲遗体旁,让老人带着布鞋与世界告别。

新中国成立后,在布鞋逐步普及的同时,一款"解放牌"胶鞋成了百姓眼中远比布鞋金贵的宠儿。

解放鞋诞生于20世纪50年代初,原本是配给中国人民解放军的军鞋,解放鞋的名称可能与此有关。解放鞋被称为胶鞋,实际上只是鞋底采用橡胶材料,鞋面则为帆布。解放鞋制作成本低,穿着感觉轻便;更显著的特点是结实耐用,穿的时间久了,胶质鞋底可以磨透,四周的齿形橡胶可以磨平,但很少发生脱胶、开裂现象,这样的品质很适合路况不好的地域,尤其适合山地行走。解放鞋的这些优点,一经列装部队,立刻就在抗美援朝战争中显示出来。当时,美军士兵穿的是笨重的牛皮军靴。这种军靴在第二次世界大战欧洲战场上和登陆日本的战斗中很适合美军,因为拥有足够装甲战车和机械运输工具的美军基本不需要远距离徒步行军。但朝鲜战场大多是山地和丘陵,机械化运输工具施展不开,美军笨重的军靴不利于登山和长途行军,而结实轻便的胶鞋则非常适于中国志愿军战士采取机动灵活的战略战术，令美军大伤脑筋；特别是在发生追击战时，美军很难跑赢志愿军战士。至于南韩军队，更是对神出鬼没的中国士兵感到惧怕。麦克阿瑟被解职后，接任联合国军总司令的李奇微在回忆录中说："南韩军队往往对中国军队有非常的畏惧心理，几乎把这些人看成天兵天将，脚踏胶底鞋的中国士兵如果突然出现在南韩军队的阵地上，总是把许多南韩士兵吓得头也不回地飞快逃命。"

当然，解放鞋缺点也很明显。解放鞋透气性差，闷脚，一天穿下来，气味很难闻；解放鞋的鞋面和鞋里由纯棉材料制作，强度不够，很难经得住士兵长时间作战和训练，一年穿破五六双是常有的事。解放鞋伴随人民军队半个多世纪的发展，直到21世纪初被品质和性能更优越的各种战靴取代。

当时的解放鞋，对军人来说有很大的改进空间，但对普通民众来说，已经算是鞋中上品了。配给军队的解放鞋，由专业的军工企业生产，军品的质量要明显优于民用品的质量，普通百姓很难买到；百姓可以买到的是由非军工企业生产的鞋，用料、款式、颜色与军品差不多，但品质稍差。即使这样，相较易损的布鞋，解放鞋轻便又耐磨，深受体力劳动者喜爱。在上世纪六七十年代，近半数中国农民和大多数城市居民都有一双自己的解放鞋。

2017年9月,广西贺州学院新生穿解放鞋进行军训。(视觉中国)

乡镇集市上,解放鞋深受农民青睐。(中新社)

　　解放鞋日益走近寻常百姓,与新中国橡胶工业的不断进步是分不开的。

　　橡胶工业产生于19世纪20年代的欧洲。1823年,英国人汉考克发现了使橡胶降低弹性、提高塑性的方法,奠定了橡胶加工业的技术基础;到19世纪中叶,胶鞋、胶管、胶板、胶布等产业已经形成;到19世纪末期,汽车制造业的兴起催生了汽车轮胎的生产,橡胶工业在欧洲和美国蓬勃发展起来。

　　中国橡胶工业的起步比欧美国家晚了近一个世纪。

发展橡胶工业，首先要解决原料问题。属于热带雨林植物的橡胶树通常生长在赤道以南10度到赤道以北15度之间的区域，中南半岛、斯里兰卡、马来西亚、印尼、印度南部等国家和地区是传统的天然橡胶生产地。中国除西沙群岛、南沙群岛外，最南端的海南岛也在北纬18度以北，1904年之前，被认为是植胶禁区的中国找不到一棵橡胶树。

1904年，云南德宏的爱国志士傣族人刀安仁从海外购买了8000株橡胶树苗，在云南建起了中国第一个橡胶园。1906年，马来西亚归侨何书麟从海外引进4000粒橡胶种子，在海南岛尝试种植。后来又有一些爱国华侨在华南地区从事过少量的橡胶树种植。新中国成立前，全国橡胶种植面积仅4.2万亩，年产199吨，只能满足生产所需的2%，橡胶工业绝大部分原料还是依赖进口。

1915年，南洋华商邓凤墀、陈玉波在广州开办了广东兄弟树胶公司，标志着中国橡胶工业的诞生。随后的20多年间，上海、青岛、天津等地诞生了上海大中华橡胶厂、上海永和实业公司、上海正泰橡胶厂、青岛橡胶厂等一批著名企业。其中，大中华橡胶厂是民国时期最大的橡胶工业企业，在上海、天津等地开设有八个分厂；它也是最早制造和出口轮胎的中国橡胶企业。1931年，上海的胶鞋产量为3000多万双，大中华橡胶

云南省盈江县凤凰山上一棵年逾百岁的老橡胶树,是1904年刀安仁从马来西亚引种的8000株橡胶树中仅存的一株,被誉为"橡胶母树"。

厂占近三成,约为870万双。随着侵华日军对中国的占领,民族企业纷纷倒闭,少量内迁到西南大后方,橡胶行业基本为日资企业所控制。以轮胎为例,1943年全国总产量的88%为日资企业生产。

抗战胜利后,民族橡胶企业恢复较快。到新中国成立前,橡胶厂四年间由100多个增加到500多个,还有许多小的手工作坊。不过,虽有发展,但总体上十分落后:设备简陋、技术陈旧,90%的炼胶机是国外淘汰的小设备;工厂规模小,全国职工数仅为2.4万人;生产的产品除了3万条轮胎、44.7万平方米输送带外,胶鞋产量仅为4467.4万双。

新中国成立后,政府特别重视橡胶业的发展。1950年6月,朝鲜战争爆发后,以美国为首的西方国家对中国和苏联实行经济封锁,作为战略物资的橡胶在禁运之列,加快橡胶产业的发展成为新中国的当务之急。1951年,中国政府决定在福建、广东、广西、云南等地建立橡胶树种植基地,还成立了专门的负责机构——华南垦殖局,动员了2万多名解放军官兵开赴海南岛为橡胶种植开垦荒地。解放军官兵、各地劳工,加上大批南下移民,参加橡胶种植的总人数达50万。

为了使橡胶产业有可靠的科技支撑,教育部于1951年在华南工学院设立了橡胶工艺专业,次年又动员北京大学、清华大学、浙江大学、南京大学、北京农业大学等9所大学的植物、森林系师生503人,组成8个勘探队到华南勘测适合橡胶种植的区域,并于1954年在广州成立了华南亚热带作物科学研究所。经过科研人员的艰辛努力,成功地培育出适合在中国华南地区更大范围内种植的橡胶树种。由于种植的橡胶树需6至8年才能割取胶液,到1957年,已经种植的118.14万亩橡胶树,开割面积只有6800亩,干胶产量587吨。到新中国成立70周年的2019年,中国橡胶树种植面积已达1741.5万亩,其中可采割面积1080万亩,产胶80.625万吨,仅次于泰国和印尼,位居世界第三。不过,这已经是后话了。

在增加国内产量的同时,中国绕过美国等西方国家的封锁,积极同南亚和东南亚橡胶生产大国开展贸易,加大原材料进口力度,使中国橡胶产品产量逐年提高。1950年全国生产轮胎7万条、胶鞋4674.8万双;1951年生产轮胎23万条、胶鞋6640.5万双;1952年生产轮胎42万条、胶鞋6169万双。到第一个五年计划结束的1957年,全国生产轮胎88万条,运输带253.6万平方米,胶鞋1.3亿双,生胶消费总量达6.13万吨。

到60年代中期,橡胶种植面积已达476.4万亩,是旧中国种植面积最高年份的100多倍;年产橡胶1.8万吨,是新中国成立之初产量的90倍。同时,合成橡胶的科研和生产也取得了进

1958年,南京,金陵橡胶厂职工检查刚下线的胶鞋。(视觉中国)

展。1958年，在重庆建成年产2000吨氯丁橡胶生产装置；1959年至1962年，在兰州分别建成年产1.35万吨丁苯橡胶生产装置和年产1500吨丁腈橡胶生产装置。随着原材料的增加，橡胶制品的产量大幅增长。到1965年，除了轮胎、输送带、自行车胎等有显著增长外，胶鞋产量高达2.48亿双。

尽管胶鞋的产量有大幅度增长，但相比当时7.15亿人口蕴含的需求，供给的缺口依然巨大。为抑制需求，当时要想买到一双解放鞋，仅有货币是不够的，还要同时持有政府发放的特定购物票证。50年代中期以后，中国照搬苏联模式，建立起计划经济体制，这种体制有力地推动了重工业体系的建立，但在轻工业方面，僵化的机制束缚了日用消费品生产的发展。为应对短缺，政府对居民日用消费品的买卖实行计划管理，具体手段就是票证制度。

涉及基本生活必需品的票证，如粮票、布票、食用油票、肉票、鸡蛋票等，全国各地在种类和数量上统一执行中央政府的规定。其他各类商品，大到自行车、收音机、家用缝纫机、手表、家具等所谓"大件"，小到袜子、肥皂、火柴、灯泡、蜡烛、水产、蔬菜、糕点、糖块、香烟、油盐酱醋等等，各地视本地区的情形制定供给种类和数量标准。所有纳入计划供给的商品，需同时持有货币和票证才能购买。

许多地方，要买一双解放鞋，必须持有票证。

江苏高淳地方报纸《今日高淳》2015年8月19日刊登了一篇题为《一双解放鞋》的文章，作者吴高化老先生回忆了自己少年时购买解放鞋的经历。吴先生1963年考入高中。像所有的青少年一样，处于青春期的他有着强烈的爱美之心，而一双解放鞋就是美的重要组成部分。购买工业品需要票证。当地的工业品票证分为甲、乙两种，甲种为红色，购买权限较大，乙种为绿色，购买权限次之。工业品票证的发放范围很有限，不是人人有份。吴先生把购鞋的心事告诉了一位同学，该同学从在商业部门任职的父亲那里弄到了一红一绿两张工业品票证。一日，吴先生从自己每月6元的生活费中拿出5元钱，搭配以同学馈赠的两张票证，兴冲冲地去买鞋，结果被售货员汪梅姑娘告知，想买解放鞋，需要两张甲种红色票证，或一张红色加两张绿色票证。这让吴先生很失望。善良的汪梅姑娘答应帮忙。多日后，吴先生到商店拿到了心仪已久的解放鞋。后来吴先生参军入伍，服役期间，心存感激的他一直与他的"梅姐"保持联系。五年后退伍，吴先生去商店当面致谢，却被告知"梅姐"已出嫁随夫去了新疆。没有再见到梅姐，但吴先生一直记着她的好。吴老先生的故事，生动地再现了那个真情与困顿混搭的年代。

那个年代，并不是所有地方都必须持证购鞋，但对大部分普通人来说，买得起一双解放鞋，都需要多日的辛劳。60年代中期，在城市里，青年学徒工的月收入大概16元左右，买一双解放鞋要十余天的劳动付出；出徒后的青年工人月工资30元左右，一双解放鞋要五六天的工作收入。

在农村，当时农民的收入更低，有一双解放鞋，成了许多人梦寐以求的事。厦门市一位笔名小雨沙沙的作者在《破旧的解放鞋》一文中，记述了其外公外婆与解放鞋的往事。作者外公家收藏着不少解放鞋，已经很破旧了，但老人家还是不舍得扔，因为那是他们艰苦岁月的记忆。在小雨沙沙外婆的记忆中，外公去县城建筑工地打工，"冬天冷风呼呼刮着，草鞋、破布鞋穿在脚上冰冷冰冷，年轻的外公手脚都常常冻得开裂。那时候他最羡慕的，就是那些有解放鞋穿的人"。"那时候的解放鞋，对于外公的村子，是经济宽裕的象征。为了让家人穿上解放鞋，保护好脚，外公做工格外勤劳，早起晚睡，就为了赚一双解放鞋。"这样的故事让今天的中青年一代听上去觉得不可思议，但他们的父辈和祖父辈的多数人确实就是这样走过来的。

从1966年开始，中国陷入了持续10年之久的内乱，经济发展受到严重冲击。在这种极端不利的形势下，各级政府的经济管理部门、企业的干部和广大工人竭尽全力维持生产。经济增长的速度减缓了，许多经济部门甚至出现大幅度倒退，但在一些领域还是有所进步。1965年几大类橡胶制品的年产量分别是：轮胎262万条，自行车胎846.9万条，输送带508.6万平方米，胶鞋2.48亿双。到1977年，上述四项分别增长到772万条、2551.1万条、2240.5万平方米、3.58亿双。较之1965年，1977年的胶鞋产量增加了1.1亿双。但是，从1965年到1977年，中国人口由7.15亿增加到9.497亿，人口净增2.347亿，胶鞋数量的增长远远赶不上人口的增长，而胶鞋是那个年代人们购鞋时极有限的选项之一。

  胶鞋数量在70年代有所增长的同时，布鞋又回归了。不过，回归的不是昔日的"千层底"布鞋，而是布料与新材料的结合体，是塑料底布鞋。男士款无鞋带，穿鞋很方便，只需脚一蹬，再从后跟处随手一提即可穿上，被称为"一脚蹬"；脱鞋更方便，不需弯腰，双脚相互轻踩后跟处即可脱下；脚背处有弹性材料，确保鞋与脚的关系十分融洽，行走极为轻便。女士款浅口设计，加了一条一端固定、另一端带金属扣的扁带，穿着时绕过脚背的扁带在脚踝两侧固定，既保证了鞋的合脚，又使女性脚部显得柔美和富于变化。塑料底布鞋的出现，显示了当时制鞋材料和工艺的进步，一经问世，很快便风行全国各大中小城市，几乎霸占了一代人的玉足。特别是白底黑面那款，是男孩子们的最爱，鞋的轻便加上心气的升腾，出门走在街上，脚下如生风——整整一代人跟他们的长辈一起,穿着那款塑料底布鞋走过动荡的70年代,跨入80年代改革开放的大潮中。在农村,解放鞋更加普及,10元左右一双,廉价而又实用,无数农民穿着它在田间地头劳作,在乡镇企业务工,在建筑工地打拼。

草鞋在中国流传了数千年,它护佑却也刺痛着每个中国百姓的双脚;布鞋也有数千年的历史,但对普通百姓来说那曾是难得的奢侈品;胶鞋从20世纪50年代开始接触普通百姓,风行中国50年;从20世纪70年代开始,塑料底布鞋流行中国20年。今天,还有别的什么鞋类能够在数十年里寄托一代甚至几代人的情感、渴望和梦想吗?

没有了。

也不可能有了。

因为,那是历史的脚步小幅缓行时代的画风。当然,加速度行进的节奏还是可以感觉到的。

但是,真正的高速前进,经济潜力的井喷式释放是在改革开放政策的能量积蓄了数年之后。

1985年是中国实行改革开放的第8年,这一年,中国共生产鞋16多亿双。当年中国人口10.5851亿,就是说,中国鞋的产量远超过当年的中国人口数量。

1997年,中国鞋产量达62.9亿双,当年世界人口数为59

亿。就是说，中国向全世界每人提供一双鞋还绰绰有余。中国已成为全球制鞋基地。

2006年，中国鞋产量突破100亿双，占世界总产量的60%，出口78亿双。中国成为全球最大的鞋类生产和出口国。

2013年，中国鞋产量达142亿双，出口突破百亿，达106亿双，年产量和出口量均居世界第一。

2014年，中国鞋产量约155亿双，出口110.13亿双，而该年度中国鞋的实际产能达到162亿双，当年的世界人口是72.54亿。就是说，中国有能力向全世界每人每年提供两双鞋还绰绰有余。

2019年，中国鞋产量134.3亿双，出口95.362亿双，产量和出口都有所下降，这是由于产业结构调整和国内外市场变化的影响。但中国鞋产量仍占当年全球产量的55.5%，中国仍为全球鞋类生产和出口第一大国。

中国已经具有位居世界前列的鞋类研发和设计能力；中国已经具有全球最强大的鞋品制造能力；中国已经具有最严格的质量标准和质量保证体系，可以在执行国际质量标准方面让最挑剔的顾客满意；中国鞋业有着十分健全的售后服务体系，让消费者买着放心，用着安心；中国具有全球最完善的制鞋产业链和高度专业化的产业集群。

四川省成都市双流区尚志鞋业有限公司忙碌的生产车间。（中新社）

  仅就产业集群的实力来说吧。有个叫晋江的地方，只是中国福建省的一个县级市，却拥有3000多家制鞋企业，拥有可同时容纳2000多家鞋业专卖店的超大型专业市场，客商流量每天可达3万多人。晋江年产鞋7亿多双，可以为全欧洲50个国家每人每年提供一双鞋。

  更令人震惊的是，晋江有个面积只有38.4平方公里、名叫陈埭的小镇，很多人知道安踏、特步、乔丹、361度等运动鞋品牌，却不知道这些名牌鞋品全部产自这个小镇。产业信息通畅，名牌企业云集，生产设备一流，产业链条完整，使得这个小镇年产运动鞋5亿多双。有人说，陈埭人一天不做，世界上2000万人没鞋穿。

中国鞋业如此惊人的设计、生产、销售和售后服务能力，意味着制鞋业在成本、品质、款式等方面必然处于激烈竞争状态，从而必然是价格日益低廉，品质日益优越，款式日益新潮，功能日益多元。然而，没有一个角儿能在台上长期走红。降价之后有新一轮降价在等待；新品刚上架就已落后；新功能之后有更新的功能在储备中；没有最舒适，只有更舒适……鞋业日日出新品，各领风骚两三年。

有没有鞋穿，有没有穿着舒适、穿出美感的鞋子，仿佛已是遥远的往事。现在，如何在不同场合选择适合自己身份、职业、个性、气质、偏好、习惯等等的鞋品，以表达或严谨、或精致、或典雅、或粗狂、或顽皮、或暖男、或淑女的仪表追求，还真是一件颇费心思的事。中国消费者面临着另一种困扰——挑花了眼。

走进鞋类大世界，任何人都会头晕。

各种适合不同性别和年龄的男鞋、女鞋、老人鞋、儿童鞋、

2012年6月,南京,在商场里选购鞋子的消费者。(视觉中国)

婴儿鞋。

各种不同的材质：皮鞋、布鞋、胶鞋、塑料鞋。

各种不同的款式：鞋的头型有方头、方圆头、圆头、尖圆头、尖头等；跟型有平跟、半高跟、高跟、坡跟、超高跟、锥形跟、酒杯跟、马蹄跟、异型跟等；鞋帮有低帮鞋、高帮鞋、短筒靴、中筒靴、高筒靴、过膝长靴等。

各种不同的功能：旅游鞋、拖鞋、凉鞋、马靴、沙滩鞋、登山鞋、足球鞋、跑鞋、慢跑鞋、篮球鞋、网球鞋、棒球鞋、暴走鞋、高尔夫鞋、雪地鞋、飞行鞋、滑板鞋、溜冰鞋、休闲鞋、劳动保护鞋、负跟鞋、增高鞋、雨鞋、保健鞋……

据说，仅男鞋品牌、种类和款式就有上千种。如果有关男鞋的说法属实，那么，女鞋的种类和款式该有多少呢？去想吧。再如果，嗜美如命的女士们在心爱的鞋子上再搭以蝴蝶结、流苏、动物纹、色拼接、搭扣、民族风、水钻、交叉绑带等五花八门的元素，不觉得眼花缭乱、头晕目眩，那才怪呢。

不过，在瞬息万变的时代，传统的东西也可能通过适应新环境和汲取新的时代元素而获得新生。这不，流行半个世纪之后逐渐淡出人们视线的解放鞋又回来了：有着160多年历史的老字号"内联升"推出了改良版的解放鞋。

2009年，北京内联升鞋业有限公司推出了"国庆60周年特别版"解放鞋。内联升版解放鞋除了传统的军绿色鞋帮外,还有一款是迷彩的。生产者别具匠心,将带有国家情怀的CN(中国的英文缩写)、带有历史感的"60年"、带有尚武风格的迷彩等时代元素嵌入设计和制造,使得这款解放鞋具有无比丰富的精神内涵。也难怪,内联升版解放鞋一经推出,许多人"慕鞋而来"。

年事已高的解放鞋借着开放的东风有了第二春。2012年,一家名为OSPOP的国际时尚公司与河南省一家制鞋企业联合推出了新式解放鞋。新款式保留了原有的胶头和帆布鞋帮的基本设计元素,使用了更坚固、透气性更好的材料;鞋垫经过特殊设计,更加舒适,也更符合人体力学的要求。原本一款售价不到2美元的打工鞋,改良后一经推出,立刻爆红欧美市场,售价76美元一双,与世界名牌耐克的价位有的一拼。

OSPOP新式解放鞋大多销往国际市场。国内市场的主要消费群体是80后的年轻人,这其中或许蕴含着他们的某种精神追求。OSPOP公司设有冠名"中国制造,我的骄傲"的市场平台,公司创始人本·沃特斯先生说,平台的宗旨是:"发扬当今中国的生活与工作中那股勤奋乐观的精神。我们十分尊敬那些为中国蓬勃发展做出贡献的创造者、会计人员、经营管理者和教育家们。但对于那些用体力劳动给中国带来日新月异的变化的工

有着160多年历史的内联升正式入驻北京长楹天街购物中心,全新的展陈为消费者带来老字号购物的新体验。右上小图为"国庆60周年特别版"解放鞋。(视觉中国)

人们，我们更是有一份特殊的敬意。"今天购买新式解放鞋的人们，大抵是怀着向一个时代的经典致敬的心情的。

老式解放鞋也还有人穿，人们也还会谈论当下与老式解放鞋有关的人和事。但是，与对往昔的回忆不同，今天的话题不再是解放鞋的岁月寒暖、情感酸甜，而常常是这种普通鞋子所承载的责任、爱心、敬业等等精神内涵。

燥石村是江西省新干县东北部山区七琴镇的一个行政村，有分散居住在7个自然村的120多位七八十岁的"空巢老人"，因子女在外打工而得不到照顾。李勤如是这里唯一的乡村医生。他本来有机会凭医术在城里赚钱，但为了使老人们得到医疗服务，他承诺，在找到接班人之前，哪怕村里还有一位老人需要医疗照顾，他也会一直在这里坚守。到2016年，患有严重风湿性关节炎的李勤如已经在这里的山路上奔波行医36年。有人计算过，36年来，他出诊走过的山路超过10万公里，穿坏了200多双解放鞋。

张黎辉是湖南省衡南县瓦园车站一名铁路巡线民警。瓦园车站是京广铁路线上的一个小站，地处偏远，条件艰苦，工作和生活都很不易，老张把职业生涯的最后13年献给了这个小站。2017年春运结束后，老张退休了。每年40天的春运是一年之中铁路民警最繁忙、最劳累的时节。自23岁起，老张在铁警岗位上工作了37年，经历了37次春运，其中有13次是不分昼夜地沿着铁路奔波巡线，只为南来北往的人们能平平安安地与家人团聚。老张退休时，有人大致计算了一下，13年，他穿坏了120多双解放鞋。

李医生和张警官是千千万万普通劳动者中的成员，他们敬业，有责任感，有同情心，常常为了他人而苦待自己。长年不停地奔走是他们默默履职时的常态。他们滴在山路上、铁道边的汗水随风而干，不留痕迹。被感动的人们认为他们的故事应该被记住，于是想到了数一数那些他们穿过的解放鞋。

被遗忘已久的传统草鞋也回来了！但不再带有苦涩的气息，而是带着财富，这财富，既有物质的，也有精神的。

随着农村经济的发展和转型升级，许多农民转行办起了民宿、农家乐等服务业。走进美丽乡村，不仅有赏心悦目的田园风光，还有草鞋、草帽、蓑衣，以及打草鞋的工具、老式农具等让人怀旧的老物件。而如今的草鞋和草帽，既是农家的饰品，也是卖品。

购买草鞋，当然不是为了穿着，而是作为纪念；购买草鞋的游客是想把一种精神带回家。

江西省于都县是中国工农红军开始两万五千里长征的集结和出发地。于都县有位名叫陈罗寿的老先生，他的父亲曾是一名红军战士，后因伤去世。为生计所迫，陈先生从少年到年过半百，一直靠制作和售卖草鞋补贴家用。改革开放政策带来中国制鞋业的井喷式发展，使草鞋很快被人遗忘。陈老先生感到有些失落。近些年，红色文化旅游兴起，陈老先生的草鞋手艺有了新的用武之地。在于都的红色旅游景点，陈老先生打制的草鞋成了游客们热购的纪念品。

在红军长征途中的每个红色旅游景点，草鞋是旅游纪念品的标配。

成都巴蜀民俗街展示的草鞋。（视觉中国）

2020年11月,江西省婺源县,一位八旬老人在做草鞋。(视觉中国)

美国作家索尔兹伯里讲述长征故事的书,题为《长征——前所未闻的故事》。他在该书"中文版自序"中写道:"那些从未阅读过红军壮丽史诗的人们,现在可以从某种意义上开始了解那些为了中国革命事业而不惜牺牲的男男女女的品质。他们将从这里开始知道人类有文字记载以来最令人振奋的大无畏事迹。"索尔兹伯里笔下的"大无畏事迹"正是红军战士用草鞋记录的。草鞋,是伴随中华民族数千年的最不起眼的用品,但红军用长征把它雕刻在历史的纪念碑上。

中国人穿草鞋的年代已经远去,但民族复兴的长征远未结束。中国早已是全球制鞋业第一大国,整个中国经济也在不断超越自身,向着更高的目标冲刺,但前行的道路却并不平坦。无论如何,可以期待,中国前进的步伐将更加雄健,壮丽史诗会有续篇。

三

扮靓中国,扮靓世界

先从外国人对中国的称呼说起。

学习过英语的人都知道，中国在英语中被称为China。这个词还有一个意思是瓷器。中国自古以最早、最大和最好的瓷器生产国闻名于世，于是不少人认为英语中的中国国名与瓷器有关。

这是不对的。

1585年，时值中国明朝万历年间，西班牙传教士门多萨依据使臣、旅行家和其他传教士的叙述，写作出版了一部《中华大帝国史》。该书于1586年出版意大利文本，1588年出版英文和法文本，1589年出版了德文和拉丁文本。彼时中国瓷器已大量输往欧洲，但从书中透露的信息看，欧洲人并没有将瓷器与他们对中国的称呼联系起来，他们所知道的是，China一词与古印度人对中国的称呼有关。

陶器在中国历经数千年，到公元一世纪的东汉时期才演化为瓷器，它传入欧洲的时间，应不早于唐代。China一词除了用于称呼中国，还用于指称瓷器，已经是中国清朝时期的事了。而外国人用近似China的发音来称呼中国，要早得多，例如唐代高僧玄奘就把印度佛教典籍中对中国的称呼翻译为"脂那""至那"等。那些典籍的成书时间早于唐朝数百甚至数千年。

China一词的源头更可能与古代中国在时间上更早、在人类历史更璀璨的一项贡献——丝绸有关。确切的考古发现证明，

1956年出土于江苏徐州的东汉石雕《家庭纺织图》。此画像石表现了东汉齐鲁一带大户人家的家庭纺织场景。(视觉中国)

5600多年前,中国的先民就发明了丝绸;到距今3000多年的商朝,中国的丝绸织造技术已达到相当水平;1972年在长沙马王堆汉墓中出土的素纱襌衣,不仅纹饰粲然,色彩华丽,且极为轻薄,重量仅为49克,以至于让观者发出"薄如蝉翼""轻若烟雾"的惊叹,说明在2000多年前的西汉,中国的丝绸织造技术已经相当高超了。古印度语称中国为Cina。这个词有"丝绸"

的意思,玄奘法师的"脂那""至那"等译文,应该是这个词的音译。英语属印欧语系,China与Cina之间,应该有源流关系,China一词的古义可能与丝绸有关。

无独有偶。公元前4世纪时,波斯国王阿尔塔薛西斯二世有位来自希腊的御医名叫克特西阿斯。克特西阿斯御医的医术如何,不得而知,但历史记住了他写的《西亚史》。在《西亚史》中,克御医把一个传说中的东方国家称为"赛里斯"。这个称谓是Seres一词的音译,意思是"丝国"。可见,丝绸之国是古希腊人对中国的想象。

在古印度人和古欧洲人的心目中,中国是个丝绸之国。

偶后有三。公元2世纪末3世纪初的叙利亚作家巴尔德萨纳斯在其著述中也将中国称为丝国。

在从古代到近代的数千年文明史上,中国给世界最深刻的印象无疑是华丽的丝绸。

在古罗马,据说,凯撒大帝曾穿着丝袍看戏。光彩夺目的中国丝绸在剧场引起巨大轰动。还有传说,凯撒于公元前48年征战埃及,埃及艳后克利奥帕特拉与他见面时穿的衣服就是用透明的中国丝绸制成的。凯撒大帝袍服的衣料是否是中国丝绸,没有明确记载。但是,中国丝绸当时确实已经传入古罗马,是凯撒同时代人及后代人的作品明确记载过的,如古罗马诗人维吉尔的

《农事诗》以及众多史学家的著述。在古罗马，没人知道这妍丽夺目的织物如何织造，只能从倒卖中国丝绸的阿拉伯商人那里交换，有人挖山开采宝石，只为"远在赛里斯以求衣料"。贵重到几乎一两黄金一两绸。如此贵重的织物，当然只有贵族才配拥有。古罗马整个上流社会都以穿着中国丝绸为尊贵的象征。

在世界其他地区，在公元4世纪之前的印度、公元5世纪之前的阿拉伯国家、公元13世纪之前的意大利、公元15世纪之前的法国等国家，在上述各时段之前，它们自己不能织造丝绸，中国丝绸是它们的达官贵人梦寐以求的；后来这些国家学会了织造丝绸，中国丝绸依然被它们的王公贵族视为无上珍品，因为他们没法复制中国丝绸的轻盈、精细、华美和顺滑的触感。在公元前139年西汉张骞率领一百多人出使西域的商路上，数十种中国出产和制造的珍品被输往沿途国家，但19世纪德国旅行家李希霍芬独独选择丝绸为这条万里商路命名，足见中国丝绸文明的影响之大。

丝绸制作工艺烦琐，作为原材料的蚕丝产量也有限，使得丝绸造价昂贵，即使在作为丝绸出产国的中国，能够问津丝绸的，也主要是达官贵人。中国普通百姓大多穿不起丝绸，只能穿着相对粗糙的葛、麻等纤维织物。

中国古代普通民众衣着的丰裕程度如何，史料记载不详。

但从某些史料透露的信息中,可大致做些推测。中国有一本古籍《管子》,成书于2000多年之前的数百年间,其中有"上女衣五,中女衣四,下女衣三"的记载,意思是,一个能力很强的农妇织的布,可满足一家五口的衣着;中等能力的,可满足四口人;能力差的,可满足三口人。这条记载显示了当时农妇的纺织生产率。

当时一个农民每年大概可有多少新衣呢?2400多年前一个叫李悝的政治家做过计算,一个五口之家一年的衣服开支为"一千五百钱",这笔钱大概可买五匹布。当时一匹布的长度为四丈,约四十尺,布幅宽二尺二寸,给一个成人做两套衣服绰绰有余。

中国秦朝有一条关于囚衣的法律,从中也可以窥见当时的衣着状况。秦法规定,政府每年四至六月间发给囚徒麻布夏衣一套,九至十一月间发冬衣一套。囚徒的衣着尚且如此,普通民众的衣着状况应当好很多。

中国西汉时期史学家班固在《汉书》中记载,元封四年(公元前107年),国库粮食等物资充溢,拿出一个零头就兑换了二亿多尺布,当年的人口为59594978人,平均每人近四尺。另外,当年汉武帝仅对有功之士的赏赐就用布100万匹。库存和赏赐数量如此之大,可见当时纺织业之发达。

《汉书》中也常有汉朝皇帝对匈奴赏赐的记载。匈奴视丝绸为无上珍品。汉王朝赏赐丝绸的数量，一次少则6000匹，多则达3万匹。正是丝绸织造业的繁荣为汉朝开拓丝绸之路奠定了坚实的基础。

一般认为，古代中国的普通民众只能穿着麻布衣服。但一些外国观察者看到的不完全如此。元朝时在中国游历的马可·波罗在杭州看到，"男子与妇女一样，容貌清秀，风度翩翩。因为本地出产大宗的绸缎，加上商人从外省运来绸缎，所以居民平日也穿着绸缎衣服"；普通居民穿着丝绸，竟然是因为丝绸较其他织物更便宜："百物输入之众，有如川流之不息。仅丝一项，每日入城者计有千车。用此丝制作不少金锦绸绢，及其他数种物品。附近之地无有亚麻质良于丝者；固有若干地域出产棉麻，然其数不足，而其价不及丝之多而贱，且亚麻及棉之质亦不如丝也。"

根据西班牙人门多萨《中华大帝国史》的记述，明朝万历年间的外国旅行者所到之处皆可见普通百姓穿着丝绸衣服，只不过品质比较低级。当时外国人造访的区域多为经济发达之地，这种情形是可能的。不能因此说丝绸在中国很普及，但经济发达地区穿着丝绸的人不在少数，应是合理的估计。

原产于阿拉伯地区的棉花自汉代就传入中国边疆地区，元末明初才在中国大规模种植。明代学者宋应星在其图文俱备的

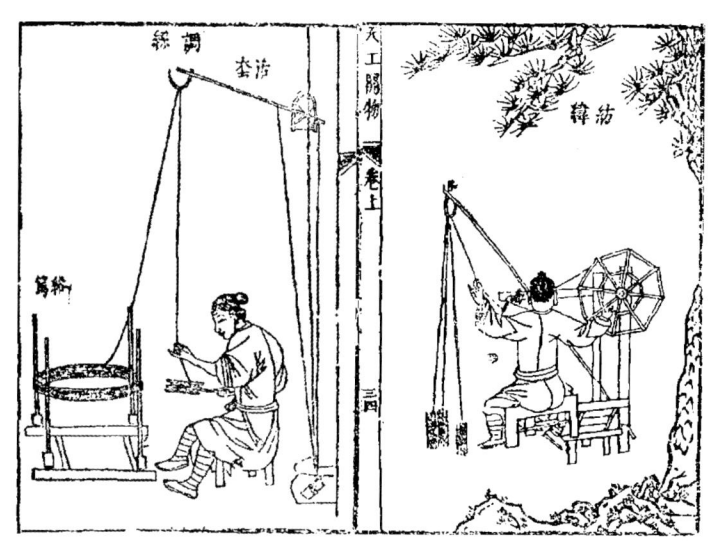

明代学者宋应星著《天工开物》一书中的纺织图。

《天工开物》中记载说"凡棉布寸土皆有",而织布机的使用很普遍,以至于在机具讲解中不需要附加图示("织机十室必有,不必具图"),反映了当时棉纺织业的盛况。棉花种植的普及,棉纺织业的兴起,逐渐改变了以丝、麻类织物为主的格局,棉纺织布成为中国最重要的衣料。明朝永乐年间政府征收棉布的数量最高曾达6000万米,这个数字恰好大致是当时的人口数量。就是说,人均被征收棉布达1米。

到清代，特别是到中期，丝织业和棉纺织业都得到了较快发展。丝织业的发展以江苏、浙江、广东、四川、福建、安徽等省较为集中，其中仅江宁一带就有民间织机3万余架，苏州地区有织机1万余架，杭州城织机数量达3000余架，形成了江宁、苏州、杭州三个闻名全国的丝织业中心。棉纺织业在清代中期也有较快发展，不仅实现了棉花和棉布自给，还大量出口到东南亚、日本及欧美国家。清朝嘉庆年间仅从广州口岸运出的棉布最多曾达一年330多万匹。

但是，中国的纺织大国地位在这个时期开始受到西方的挑战。从1733年到1789年的56年间，以英国人凯伊的飞梭织布机、哈格里夫斯的珍妮纺纱机、卡特赖特的水力织布机等纺织机械的发明为基础，到1830年，英国在世界纺织业中首先完成了机械化取代手工业的革命，开了近代纺织工业的先河。

中国开始落后了。

1872年，实业家陈启源在广东省海南县（今海南省）创办了中国第一家近代机器工厂——继昌隆缫丝厂。工厂采用当时世界上先进的蒸汽动力缫丝机，标志着中国纺织业从手工操作向机械化转变的开始。继昌隆缫丝厂的产量和品质远胜于土法缫丝，利润也很丰厚，引得不少实业家纷纷效仿，在不到10年的时间里，当地的机器缫丝厂发展到10家，有缫丝机2000多

1874年苏州商务局筹建了苏纶纺纱局,图为采用西方近代纺纱设备的车间内景。(视觉中国)

1895年,英商怡和洋行在上海杨浦投资兴建怡和棉花纺织厂,图为厂房外景。(视觉中国)

架。清光绪四年（1878年），在政府大臣李鸿章、沈葆桢的支持下，实业家郑观应着手筹办上海机器织布局，从弹花、纺纱到织布的机器设备全部购自美国。经过长达12年的筹办，1890年12月上海机器织布局正式开业，中国棉纺织业自此步入了机器织布的时代。但是，在此期间，英国、美国、德国等先后在上海设立了四个棉纺织厂，它们的资金、技术和生产规模都远超中国企业。

总的来说，在清代中期之前的中国，以丝、麻和棉为主要原料的纺织业比较发达，如果没有战乱和大的自然灾害，普通百姓的衣着基本可以自足。

19世纪70年代以后，来自西方的所谓洋布和洋纱凭借质量和价格优势在中国市场攻城掠地，中国本地生产的质次价高的所谓土布和土纱日益受到排挤。清光绪二十年（1894年）进口洋布1334万匹，1913年达3075万匹，增长1.3倍；清光绪三十一年（1905年）进口洋纱113.2万担，1913年达268.5万担，8年间增长1.37倍。在洋纱、洋布冲击下，中国手工棉纺织业趋于没落，城乡大批业者破产。自明清以来就有"日出万匹，衣被天下"之誉的江浙地区，最早感受到了这一趋势，晚清江宁名士邓嘉缉曾做《秣陵织业行》以纪之。秣陵，秦时置县，今属南京，地处明清织造业中心区域。邓嘉缉诗云：

秣陵无好丝，但夸织工巧。非徒经纬多，亦贵颜色姣。

承平之日甲天下，水载以舟陆运马。富商大贾工负贩，仰给至无游手者。

兵燹以来未复业，湘乡相公发军帖。招集四方织户来，吱吱轧轧机房开。

机房开，丝不贱。火船载丝出洋去，富者乾没贫不便。

今年丝价高于珠，我见童子泣路隅。自言家有织机匠，年年衣食才有余。

而今十机不织一，身闲那得摇丝车。我为童子三叹息，长官机捐设正急。

邓嘉缉的诗生动地记录了当时江浙一带洋布、洋纱挤占市场，致使手工业织工衣食无着，出现童子哭、织妇叹的凄惨境况。

1911年清王朝被推翻，结束了统治中国数千年的帝制。1912年至1949年，是中国历史上的中华民国时期，在这个时期，中国经济开始从自然经济向近代工业经济过渡，包括纺织业在内的工矿业、交通运输业、商业、金融业等有所进步，但总的来说，在外国资本压制、经济危机和战乱的环境下举步维艰。

中华民国成立后,特别是1913年至1922年间,西方列强忙于战争,无暇干涉中国事务,让中国民族工业获得了一个喘息的时机。第一次世界大战前,中国私人资本厂矿有698家,资本额约为33082.4万元,产业工人27万余人。到1920年,私

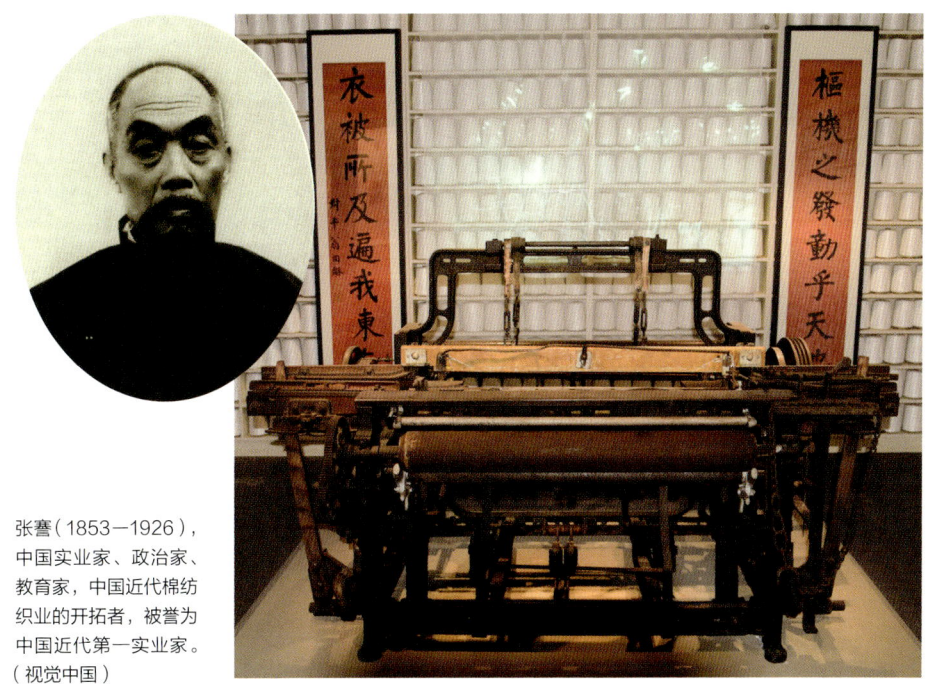

张謇(1853—1926),中国实业家、政治家、教育家,中国近代棉纺织业的开拓者,被誉为中国近代第一实业家。(视觉中国)

江苏南通博物苑张謇特展厅陈列的织布机。(视觉中国)

人资本厂矿达1759家，资本总额约为50062万元，有产业工人55万。其中棉纺织业是当时发展最快的部门。1913年，全国华商纱厂有纱锭83.68万枚，织布机5980台；1922年，有纱锭326.65万枚，织布机16224台。1913年至1922年的9年间，纱锭数增加2.9倍，织布机数增加1.71倍。在民族纺织企业中，诞生了实业家张謇在南通、海门创办的拥有4家工厂的大生纺织系统，实业家周学熙在天津、青岛、唐山、河南汲县创建的华新纺织系统，实业家郭乐、郭顺创设于上海的拥有3个纺织厂的永安纺织公司，实业家荣宗敬、荣德生兄弟建立的申新纺织系统。其中，荣氏兄弟的申新纺织系统是民族纺织业中较大的企业组织。从1915年到1922年短短7年间，他们的工厂从一家发展到4家，纱锭从1.3万枚增至13.5万枚，增加9.4倍；织布机从350台增至1615台，增加了3.6倍；棉纱产量从9723件增至80356件，增加7.3倍；棉布产量从2.9万匹增至35.953万匹，增加11.4倍。到1927年底，荣氏兄弟又新开设了两家工厂，工厂总数达到6个。

进入20世纪20年代后，西方列强再次将掠夺的手伸向中国。仅就纺织业来说，在华外资纱厂的纱锭数，1918年为48.69万枚，1924年达到118.32万枚，6年增加了1.4倍。其中，日本通过攫取第一次世界大战战败国德国在山东的权益以及对华借款等手段，取得了一系列经济特权。这个时期的日本对华产业投资主要方向在棉纺织业、矿产业和交通业。一战之前，日本在华纱厂只有2家，拥有纱锭近9.6万枚；1925年，日本在华纱厂增加到30家，拥有纱锭126.8万枚，10年间日本在华纺织业增长十几倍。面临外国资本大举入侵，民族工业举步维艰，尤以纺织业为甚。1919年民族纺织企业每包纱的利润达70多元，到1922年，在外资纺织产品的冲击下，民族企业不仅不赚钱，反而每包棉纱亏损20多元。

日资纱厂不仅依仗特权对中国进行经济掠夺，而且直接残酷地压榨中国工人。夏衍是中国现代文学史上著名的剧作家。20年代中期，在上海从事工人运动的青年夏衍从工人朋友处得知，日本在上海的纱厂有种叫作"包身工"的用工制度，工人不仅劳动和生活条件极为悲惨，而且没有人身自由。为了解实际情况，夏衍每天半夜三点动身赶十几里路去工厂了解包身工们的工作和生活。根据实地调查，夏衍写出了中国现代文学史上第一篇报告文学作品《包身工》。

当时，在日本纱厂务工的人数"在二万四千人以上"的农村少女，都是从破产的农村被诱骗来的，她们以卖身的方式与老板签订为期三年的契约，因而被称作"包身工"。有位十几岁的姑娘，瘦得像芦柴棒一样，没有人知道她的名字，"芦柴棒"就

童工手指细小,更便于操作纺织机,且工资低。20世纪20年代,在中国的日资纺织企业普遍使用童工。(视觉中国)

成了她的代称。"芦柴棒"和工友们居住在拥挤的、"充满了汗臭、粪臭和湿气的空气"的工棚里,吃的是喂猪的豆腐渣熬成的稀粥——这样的饭也要一窝蜂地抢,稍迟一些连这个也吃不上。她们每天凌晨四点多在工头"妈的,还躺着,猪猡!"的叫骂声中起身,顶着星星去上班,下工时已是黑天。她们每天在破旧、潮湿、灯光昏暗、充满噪声的车间里工作十几个小时,"头发、鼻孔、睫毛和每一个毛孔"满是花絮,得到的收入却连吃饭都不够。除了非人的劳动和生活条件,她们全天处于监视之下,随时随地可能遭到工头的凶残殴打。被摧残的包身工们"手脚像芦柴棒一般的瘦,身体像弓一般的弯,面色像死人一般的惨"。至于"芦柴棒"本人,收工时的侮辱性搜身被免了,因为"抄身婆"担心做噩梦,不愿意触摸她像骷髅架子一样的身体。曾经的"榨完残留在她们皮骨里的最后一滴血汗为止"的包身工制度,留下了日资企业对当时贫困的中国人进行剥削和压榨的最丑恶、最野蛮的记录。

日资纱厂的恶行甚至引发了中国革命史上的一个重大历史事件。从1925年2月起,为反对日本资本家打人和无理开除工人,上海22家日商纱厂近4万名工人举行罢工。1925年5月15日,日本老板以原料不足为由关闭工厂,停发工人工资。工人顾正红率工友前往交涉,被日本老板悍然枪杀,还有10余名工人被打伤。1925年5月30日,上海工人、学生2000多人在公共租界示威游行,后来加入的群众有上万人,他们高喊"打倒帝国主义!""收回外国租界!"等口号,要求释放被捕学生。英国巡捕竟然开枪屠杀游行群众,打死15人,重伤数十人,逮捕150余人,制造了震惊中外的"五卅惨案"。血案激起上海人民的愤慨,相继有20余万工人罢工,5万多学生罢课,公共租界的商人全体罢市。

中国共产党领导了这场运动。6月5日,中共中央发表《告全国民众书》,要求"全上海和全中国的反抗运动之目标,决不止于惩凶、赔偿、道歉等","应认定废除一切不平等条约,推翻帝国主义在中国的一切特权为其主要目的"。在中共领导下,运动遍及全国29个省区中的25个,直接参加运动的人数达1700多万。五卅运动在英、日资本家先后答应罢工工人的条件后渐行结束。五卅运动极大地提高了中国人民的觉悟,揭开了1925年至1927年中国大革命的序幕。

20世纪20年代后期,中国经济有所发展,其中棉纺织业的进步较为明显:1927年,全国华商民营纱厂有73家,纱锭数为209.9万枚;1929年达81家,纱锭239.58万枚;1931年为84家,纱锭273.08万枚。上海是中国民营纺织工业中心,这个时期上海民营纺织业发展较快。1927年,上海有纱厂24家,纱锭

1925年5月30日,上海民众在南市体育场示威游行,宣布罢工、罢课、罢市。(人民视觉)

1925年6月23日,广州10万余人举行集会游行,声援上海的五卅运动。当游行队伍走到沙基西桥口时,英国领事下令机枪开火,当场打死81人,重伤170多人,制造了震惊世界的"沙基惨案"。(人民视觉)

数684204枚；1929年为28家，纱锭810978枚；1931年为28家，纱锭1005328枚。1931年与1927年相比，全国纱锭数增长了30%，上海纱锭数增长了47%。

但是，这一积极的发展势头，被1929—1933年的世界经济危机、1931年日军发动的侵华战争，以及连年内战和自然灾害等等所打断。

1933年秋，中国经济陷入严重危机，各行业全面衰落。纺织业在危机中受到重创，全国十几家纱厂完全停工，纱锭减产34万枚，较1931年减少30%。全国纺织行业实力最强的荣氏申新纺织系统，1933年亏损130万元，1934年亏损200万元。

危机对纺织业的冲击，让处在社会最底层的蚕农也深切感受到了。著名作家茅盾1932年11月发表的小说《春蚕》，让我们可以一窥当时蚕农的处境：

洋鬼子怎样骗了钱去，老通宝不很明白。但这是陈老爷说的，他信，"并且他自己也明明看到自从镇上有了洋纱、洋布、洋油——这一类洋货，而且河里更有了小火轮船以后，他自己田里生出来的东西就一天一天不值钱，而镇上的东西却一天一天贵起来"。陈老爷的儿子陈大少爷说，"今年上海不太平，丝厂都关门，恐怕这里的茧厂也不能开"。这话老通宝不信。理由是，他活了60岁，长得这么好的绿油油的桑叶，他一生只见过两次；

《春蚕》剧照。老通宝和家人在查看蚕宝宝。

今年的蚕花也是好年景。女人和孩子们从开春起都只吃个半饱,穿的也是破旧衣服,比叫花子好不了多少。老通宝们的债务如滚雪球,但想到"一个月以后那些绿油油的桑叶就会变成雪白的茧子,于是又变成丁丁当当响的洋钱,他们虽然肚子里饿得咕咕地叫,却也忍不住要笑"。他们指望着用春蚕带来的收成偿还债务,盘算着把典当的夹衣和夏衣从当铺里赎出来,也许过端阳节还可以吃一条黄鱼。但是,"往年这时候,收茧人像走马灯似的在村里巡回,今年没见半个收茧人,却换替着来了债主和催粮的差役","人们做梦也不会想到今年蚕花好了,他们的日子却比往年更加困难",而且"蚕愈养得多,愈好,就愈加困难"。他们用船载上茧子送往30多里外的茧厂,五天后返回时,船里还有一筐茧子没有卖出。卖掉的茧子得了111块钱,"除去路上盘川,就剩了整整的一百元,不够偿还买青叶所借的债!老通宝路上气得生病了,两个儿子扶他到家"。养蚕之家的穿着如同乞丐,大危机背景下底层民众被命运残酷地玩弄,这一悲惨的现实在作家笔下得到了生动而真实的表现。

如果老通宝没有被气死,也许他的日子会有好转。1935年后,由于世界经济复苏对中国的利好、国内农业丰收、市场转趋活跃等因素,从1936年至1937年上半年,中国经济恢复生机,工业品产量有明显增加。在纺织行业,全国华商纱厂达96家,纱锭为2296392枚,1936年与1935年相比,棉纱生产增长65.63%,棉布增长17.7%;丝织业生产也有好转,1935年上海开工的丝厂为33家,丝车7686部;1936年开工的丝厂增达49家,丝车11094部。然而,1937年7月,日本发动全面侵华战争,刚刚得到恢复的中国民族工业遭到浩劫,等待老通宝们的只有战乱、逃难和死亡。

抗战前,中国近代工业大多集中在东南沿海一带,七七事变后,这个地区成为日军进攻的重要目标。为了避免工业落入敌手,国民党政府决定将沿海工业迁入内地。上海是当时工业最集中的地区。1937年全面抗战爆发前夕,上海共有大小工厂5525家,占全国登记企业的1/3。由于日军进攻凶猛,沦陷区许多工厂来不及内迁。到上海沦陷为止,只有148家工厂迁出,被战火摧毁的工厂达2375家。在1937年8月至11月的淞沪会战中,上

1937年10月,淞沪会战中,日本军机飞越上海浦东上空,下方冒烟处为遭日军轰炸的闸北地区。(视觉中国)

海荣氏家族企业纱锭被毁187484枚，布机被毁2726台，分别占荣家企业战前纱锭、布机的32.9%和51.4%，其中，申新五厂和八厂几乎被夷为平地。

在日军占领的华北、华中、华南等大片区域，北平、天津、南京、武汉、广州等重要工商业城市相继陷落，中国经济遭到日军严重破坏，经济损失总额达53440万元。从行业看，纱锭损失70%，缫丝业损失50%，其中，华北地区棉纱产量下降62%。从1939年至1943年，日本共掠夺中国干茧101万余担。

在国民党统治的大后方，经济状况也日益恶化，纺织行业更是呈阶梯式下滑。从1942年到1945年的4年间，棉布产量依次是1947千匹、1484千匹、1446千匹、1114千匹。1942年大后方大型纱厂拥有的30余万枚纺锭中，开工的只有17.6万枚，纺锭数目相当于战前全国纺锭的10%，而产量则只及战前的4%。

抗战胜利后，国民党政府接收了日伪的工业企业。据1947年对全国20个主要城市的调查，共有工厂14078家，其中上海占54%。1946年初，国民党政府成立了中国纺织建设公司，负责接收日伪在各地的纺织企业。到1947年，中纺公司共有大小纺织企业85家，共有纱锭177万余枚，占国民党统治区纱锭数的37.6%；有织布机32322台，占国民党统治区布机数53779

1949年2月3日,中国人民解放军在北平举行入城式。这些军人从江西南昌城走进北平城,经历了22年的艰苦跋涉和浴血奋战。10月1日,中华人民共和国宣告成立,北平恢复北京旧称,成为新中国的首都,中国历史掀开了新的一页。(人民视觉)

台的60%以上。但是，如此庞大的生产资本，利用率平均不到50%，纺锭的利用率最低时只有19%，织机的利用率最低时只有14%。与此同时，民营经济困难重重。到1946年底，上海的3419家民营工商业，有2597家倒闭，占75%。在纺织行业，著名的申新纺织系统处境十分艰难。在上海的申新系统6家工厂，1949年1—6月的棉纱产量，月平均比上年下降11.1%，与抗战前的1936年相比，产量减少了41.2%。就全国而言，1949年的棉布产量仅占1936年的62.2%。1950年，全国的纺锭数只有513万锭，在全球占比仅为5%；棉纱年产量43.7万吨，全球占比仅为7.8%。而那时的中国人口在全球占比为22%。

就是在这样一个烂摊子上，新中国的纺织工业出发了；在被世界超越一个多世纪之后，中国在一个新的起点上开始了追赶。

新中国把解决人民穿衣问题当作头等大事。1949年10月1日，中华人民共和国成立。新政府成立当月，就组建了专门负责全国纺织行业的纺织工业部。在新政府领导下，纺织企业的生产很快得到恢复。对上海的官僚资本纺织企业，新政府从接手到恢复生产仅用了3天时间。到新中国成立刚满一周年的1950年9月，全国纺织企业的生产基本恢复正常。

不仅有恢复，在1950年至1952年的3年经济恢复期内，纺织业还有明显增长。为缓解原料紧张问题，新政府用提高收购价格的办法鼓励扩大棉田种植。1949年的棉田面积为4155万亩,棉花产量44.4万吨;1950年扩大到5679万亩,产棉69.25万吨,基本满足棉纺业对原料的需求。

1949年,全国棉布产量18.9亿米,人均只有7尺,远不够做一身单衣,而农村居民只有可怜的半尺;1950年生产棉纱43.7万吨,棉布25.2亿米,人均棉布超过15尺;1952年,全国纺锭以566万枚的数量超过1936年创下的510.28万枚的历史记录,棉布产量达38.3亿米,人均达22尺,比1949年增长2倍多。

纺织业在新中国成立最初几年间的迅速恢复和增长,与纺织工人素质的提高和国家主人翁精神的充分发挥有极大的关系。

1949年,中国有人口5.4167亿,文盲率达80%,小学入学率不足20%。从新中国成立的第二年起,新政府就在全国各地举办多种形式的职工在职教育;从1952年开始,政府在全国相继发起了三波扫除文盲运动,最初是识字班、业余小学班,后来进一步办起了初中班、高中班。到20世纪50年代末,城市职工中的文盲问题基本解决,劳动者的素质有所提高。

20世纪50年代初,中国纺织业职工中涌现出的以郝建秀为代表的一大批劳动模范,都是那个年代织工教育的受益者,也是新中国工人阶级社会主人翁地位的体现者。郝建秀,1935年11月出生于山东青岛,1949年成为青岛国棉六厂的纺织女工。在

1958年,安徽省阜南县,水利工地上的农民利用工间休息时间学文化。(视觉中国)

工作中她摸索出一套"工作主动有计划，双手结合交叉做，工作分清轻缓急，做好清洁工作"的工作方法，被命名为"郝建秀工作法"；郝建秀所在班组被命名为"郝建秀小组"。1951年"郝建秀工作法"在全国推广，在原材料消耗大幅度降低的前提下，每年增产4.4万件棉纱，所织布匹可供400万人一年之用。有人说郝建秀凭一人之力改变了中国的纺织业。作为纺织工人的优秀代表，郝建秀1952年被政府选派进入山东大学设立的工农速成中学学习；1954年进入中国人民大学附设工农速成中学学习；1958年考入华东纺织工学院纺织工程系学习，1962年毕业。大学毕业后，郝建秀先后在青岛国棉六厂、青岛市、山东省担任领导职务，1981年担任中央人民政府纺织工业部部长，2003年当选第十届全国政协副主席，成为国家领导人。这是后话。

郝建秀在20世纪50年代的经历是她那一代纺织工人共同的记忆。陕西咸阳国棉一厂的赵梦桃和"赵梦桃小组"、上海第二棉纺厂的裔式娟和"裔式娟小组"、上海国棉十七厂的黄宝妹和"黄宝妹小组"、江西棉纺织印染厂的经自麟和"经自麟小组"、浙江的陈芳芳和她的班组、北京第二棉纺厂的陈素芝和"陈素芝、于世卿、王凤霄三姐妹小组"……她们都曾是"郝建秀工作法"的学习和推广群体；她们都曾以自己的苦干加巧干使单位时间内的产量增加数倍；她们的事迹都曾被地方和国家媒体广泛报道;她们都曾经被评为全国劳动模范,参加全国"群英会",有的还当选全国人大代表,与国家领导人一起共商国是;她们都曾经在首都北京的国宴上受到国家领导人的敬酒礼遇……

　　苦难的少时记忆和对新社会的感恩之情是郝建秀们的另一个共同的背景。她们都曾少时家境贫寒,自幼做工挣钱补贴家用。其中,赵梦桃儿时随母亲从安徽宿县一路逃到河南洛阳,后来到了陕西;上海的黄宝妹13岁就进入日本人的裕丰纱厂做工;1929年出生的裔式娟读过一年书之后,到纺织厂当了养成工,也就是夏衍笔下的"包身工"。裔式娟晚年回忆说:"我是纺织工人,历经了新旧社会两个时代。解放前,纺织女工受尽凌辱,一天要工作十几个小时,从早晨6点做到晚上6点,或从晚上6点做到早晨6点,'日工做到两头黑,夜工做到两头亮',工作环境差,劳动强度大。每天12个小时来回奔跑在棉尘飞扬的车间里,一刻也不能停,稍慢工头非打即骂。不仅受到包工头的肉体凌辱,每天下班时还要搜身,受尽非人的待遇,得到的却是低得可怜的工资。解放后,咱们工人的地位从根本上提高了。我们有强烈的翻身感,工作干劲特别大,一心想为国家多纺一些纱,多织一些布。解放前,劳动人民像牛马一样干活,解放后,我们工人也管起国家大事来了,坐上最高国家权力机关的席位,选举新的国家领导人,讨论、表决通过新中国的第一部宪法。这是多么大的荣耀，真是做梦都不敢想的事。"

翻身当家做主事实上是那个年代产业工人共同的感觉。

这种感觉来自切身体验。新中国成立后，废除了旧中国通行的10小时以上工作日制度，实行8小时工作制；实行民主改革，取缔欺压工人的"把头制度"，工作班组长由工人选举产生；加大降温、除尘、安全方面的投入，改善劳动条件；提高职工工资，并使职工实际收入逐年增长；住宅、食堂、托儿所、养老院、医疗及文化体育设施等各方面的进步，使广大工人享有前所未有的福利。广大纺织工人以国家主人翁姿态在生产中表现出极大的热情和创造精神，完全在情理之中。

从1953年到1957年，是新中国经济建设的第一个五年计划时期，在此期间，中国的纺织工业又取得了较大的进步。进步主要体现在新建纺织企业的合理布局、兴建纺织机械企业为纺织业提供先进的装备、纺织技术的科学研究和高等教育的发展等方面。

旧中国的纺织企业主要分布在上海、青岛、天津等沿海地区，产业过于集中且远离原材料产地。新中国成立的第二年，一批新型棉纺织厂就在郑州、武汉、邯郸、咸阳、乌鲁木齐等内地城市开工兴建；第一个五年计划时期，北京、石家庄、西安、呼和浩特等城市也加入了新建纺织厂的行列。

这就是中国

衣

20世纪50年代,第一个五年计划期间,北京国棉二厂的细纱车间。(人民视觉)

旧中国完全没有纺织机械的设计和制造能力。从清朝大臣李鸿章支持创办的中国第一家近代机械纺织企业投产到新中国成立前的60年间，中国积累了400多万枚纺锭，全部靠进口，更不必说整机和其他关键部件。从新中国成立第一天起，纺织工业部就在全国布局、建设纺织机械制造基地。1949年10月，河南省政府着手将郑州的一个农业机械厂改建为纺织机械厂，1951年4月第一期工程竣工，后经多次改建扩建，成为纺织机械骨干企业。从新中国成立到第一个五年计划完成的1957年，先后建成郑州纺织机械厂、沈阳纺织机械厂、经纬纺织机械厂、咸阳纺织机械厂、邯郸纺织机械厂、杭州纺织机械厂、佛山纺织机械厂等一批纺织机械企业。

到第一个五年计划完成时，中国已经具有年产70万锭的制造能力，纺机工业体系基本形成。特别值得一提的是位于山西榆次的经纬纺织机械厂，在这家1951年开工、1954年建成投产的企业里，诞生了新中国第一代成套纺机设备，不仅结束了纺机长期依赖进口的历史，而且还以无偿援助或直接贸易的方式向越南、缅甸等国家出口成套设备。经过70年的发展，今天的经纬纺织机械股份有限公司已成为全球规模最大、技术领先的纺织机械企业集团，其棉纺纱锭年产量达6500万支，占全国棉纺纱锭总量的1/2，占全球棉纺纱锭总量的1/4。

20世纪60年代，中国又先后在湖南邵阳和常德、湖北黄石和宜昌、甘肃白银、陕西渭南等地建设了多家纺织机械厂或专件厂。截至1978年，在中国东、西、南、北、中各区域，共建成153个纺织机械厂或专业配套厂家，为中国纺织工业的发展奠定了雄厚的装备技术基础。

先进装备的制造离不开科研工作的支撑。新中国成立后不久，纺织工业部就从全国调集上百名科研人员于1952年7月成立纺织机械设计公司，后更名为纺织机械研究所，负责研究制定行业标准、设计规程和纺织机械的设计研究工作。

1956年2月，纺织科学研究院在北京成立，并设立了上海分院。纺织科学研究院的成立，为纺织行业中长期科学研究规划的制定和基础科研工作提供了有力的体制机制保障。

为适应纺织业的建设和发展对专业技能和高级人才的需要，在从新中国成立到改革开放前的28年间，中国政府大力发展相关专业的高等教育，不仅在许多大学设立相关专业，而且改建组建或新成立了一批培养纺织人才的专科学院。其中，1950年成立青岛纺织工业学校，1951年创立华东纺织工学院，1958年组建河北纺织工学院和武汉纺织工学院，1959年成立北京纺织工学院，1960年组建苏州丝绸工学院和郑州纺织机械学院，1964年组建浙江丝绸工学院，1978年成立西北纺织工学院等高等院校，这些院校为新中国的纺织事业培养了大批高级技术人员和管理人才。后来，这些学校或更名，或被调整并入其他大学，但不论经历了怎样的分化组合，它们在历史上形成的专业学科延续了下来并且一直是所在院校的特色优势学科，一直是中国高等教育纺织专业的教学与科研重镇。

到第一个五年计划完成的1957年，建成了北京、邯郸、石家庄、西安、郑州五大棉纺工业基地，形成了超过300万锭的棉纺生产能力。加上同时兴建的7个麻纺织厂、4个丝绸厂、3个毛纺厂、3个化纤厂和6个印染厂，中国新增了38家纺织企业，在全国形成了合理的纺织企业分布格局。

1957年之后，中国经济走上了曲折发展之路。1958年开始的"大跃进"运动，片面发展重工业，忽视农业和轻工业，造成国民经济比例严重失调，工农业大幅减产。1958年棉花产量196.9万吨，达到50年代的最高点。"大跃进"的后果从1959年开始显现，当年棉花产量170.9万吨，1960年为106.3万吨，1961年为80万吨，1962年降到最低点，为75万吨，倒退到略高于1950年69.2万吨的水平。1960年的棉花收购量仅1924万担，比1959年下降1000多万担，纺织业面临严重的原料短缺，全国纺织工业设备利用率只有60%。1962年的棉纱产量下降到302万件，仅为1957年的65%。棉布的零售量在1961年大幅度下降到8.8亿米，只有1960年的1/3。

为应对纺织品严重短缺，政府采取了限制居民消费的措施。在1954年9月开始实行的统购统销政策的基础上，对棉布消费的限制进一步收紧。1954年规定成年人每年布料消费额度为13尺左右，从1961年到1964年间，每人每年基本定量只有3尺，供给情况稍好的地区一人一年也只有4.5尺，只够做一件衣服；许多城市工人的工作服三年才换一次。50年代中期曾鼓励姑娘们用漂亮的布拉吉点缀生活，之后的报刊文章则在讨论如何通过拼、改等方式利用旧衣服。爱美的年轻人在穿着上略有与众不同，便有人谴责其为"奇装异服""思想不健康"。

从1966年到1976年的"十年内乱"期间，中国人口从7.4542亿增长到9.3717亿，增长25.7%，而10年间棉布增长只有20.9%，人均棉布拥有量几乎没有增加。但在此期间，化纤产品产量显著增长，缓解了纺织品供需紧张的状态，10年间全部纺织品年均增长4%，快于人口增长的速度。

从1958年到改革开放前，化纤产品的增长是中国纺织业的一个亮点。

天然纤维的产量受耕地面积和单产的限制，不可能满足纺织业对原材料日益增长的需求，出路在于发展化学纤维产业。

新中国的化纤产业起步于20世纪50年代中期。1957年，中国化纤产量只有区区200吨，在世界相关统计中被忽略不计。从50年代末到60年代中期，中国政府把化纤工业建设列入国家战略，先后在上海、北京、兰州、丹东、保定、南京、新乡、杭州、吉林等地建立起多个化纤企业，期间，1960年以年产化纤材料1.06万吨的成绩进入"世界化纤产量统计"；到1965年，全国化纤产量已达4.49万吨。1972年，上海石油化工总厂、辽阳石油化纤总厂、天津石油化纤总厂、四川天然气维尼纶厂开始筹建。随着这些大型化纤项目陆续投产，到1978年，中国化纤产量已达28.5万吨。那个年代的过来人都还记得一种叫作"的确良"的衣服面料，那便是这一时期中国化纤产业发展的象征。"的确良"是一种涤纶与棉线混纺的织物，与纯棉织物相比，它色泽鲜亮、耐穿、衣服不走形，而且容易洗、干得快，很受民众欢迎，在整个70年代风行全国。"的确良"纺织品在1971年的产量只有0.6亿米，到1975年的短短5年间就发展到5.1亿米。

棉布加化纤布料，到1978年，中国人均拥有的布料增长到11.46米，但相对于人民对衣着的需求，供给依然是短缺的状态。

1978年，中国进入改革开放的新时期。中国经济的春天来了！中国纺织业的春天来了！中国被美丽而温暖地扮靓的春天来了!

改革开放新政策,极大地激发了每个劳动者的生产积极性,1978年之后,纺织业相关产品的产量直线上升。1978年,中国棉花产量为216.7万吨,1979年为220.7万吨,1980年270.7万吨,1981年296.8万吨,1982年359.8万吨,1983年达到463.7万吨,较之1978年,短短5年间增长一倍多。

1978年,中国化纤产量28.5万吨;1983年达到54.1万吨。

1978年,中国纱产量238.2万吨;四年后的1982年猛增为335.4万吨;1983年略有下降,产量为327万吨。

1978年中国棉布产量为110.29亿米,人均11.3米;4年后的1982年,产量猛增到153.5亿米,人均15.1米。对于长期为穿衣问题感到窘迫的中国人来说,1983年是一个特殊年份,这一年的12月1日,中国政府宣布废止布票、棉絮票等,纺织品敞开供应。改革开放的力量是如此之大,短短四五年的发展,通行近30年的布票成为文物了,中国人民的穿衣问题解决了,中国近现代经济史上的一个时代——短缺经济时代结束了。

1992年,中国政府正式提出改革计划经济体制、建立社会主义市场经济体制的改革目标。事实上,在此之前,中国纺织工业系统已经做出了有益的探索。1984年8月,纺织工业部开始了打破计划经济的尝试,将纺织工业18个政府指令性计划指标缩减为3个,国家没有计划指标的,由地方和企业根据市场需要自主安排生产。1984年12月,中国政府决定改革对外贸易体制,鼓励企业直接面向国际市场。国务院会议宣布在10天之内制定出新的纺织品进出口相关规则,体现了政府改革的决心和工作效率。

借助于市场取向的改革提供的强大推力,从1986年开始,中国纺织业进入了高速增长期。

我们首先对主要产品的产量以10年为期作观察以初步感受一下这一进程。

1986年,中国棉纱产量396万吨,布匹产量达158亿米。

1996年,中国棉纱产量490万吨,布匹产量达221.2亿米。

2006年,中国棉纱产量1740万吨,布匹产量550亿米。

2016年,中国棉纱产量3732.6万吨,布匹产量906.8亿米。

其次,中国化纤产量的增长使人不可能不感到震撼。

我们没有忘记从1957年的中国化纤产量——200吨,增长到1978年的38万吨,用时21年,是1957年产量的1900倍。又过了20年,1998年中国化纤产量达510万吨,是1957年产量的2.55万倍,并首次超过美国位居世界第一。中国化纤总量从2009年的2700万吨,到2017年的4919.55万吨,9年间,

江苏恒力集团生产车间。（视觉中国）

山东滨州某纺织企业生产车间一角，工人骑电动车在车间巡回，在降低劳动强度的同时，极大地提高了劳动效率。（中新社）

中国化纤一直以约占世界总产量的70%的成绩领跑。拿2017年的数字与1957年的数字比，中国化纤产量60年间增长24.6万倍！

再随便看几个抢眼的数字吧。

富含高科技的色纺纱的生产量90%以上在中国。

标志着纺织工艺水平的60支以上纱线，80%产自中国。

高档衬衫色织面料生产量的60%在中国。

高档牛仔面料生产量的30%在中国。

纺织行业世界先进装备绝对量全球第一。

万锭用工水平60人，劳动生产率全球第一。

也许纺织业者或相关研究者会注意到这些数字，但中国的服装消费者肯定对此毫无兴趣，因为他们早已不记得买布料做衣服这回事了。20世纪80年代末，中国人的着装开始了从"到裁缝店做衣服"到"去商场买衣服"的转变。而商场里令人眼花缭乱的成衣品牌究竟有多少，没有人能说得清楚。据说，中国服装品牌的数量已以万计。

为了适应中国民众服装消费的新趋势，1988年5月，北京服装学院诞生。这是一所以服装科学、工程、艺术为研究和教学内容的全国性高等学府。由此开始，一发而不可收，全国众多高校相继创设培养服装专业高级人才的院系或专业。

1993年10月,上海,中国第一家服装设计学院——东华大学服装学院的学生走在校园里。(视觉中国)

确实，随着民众收入和支付能力的不断提高，以中国服装产量之巨大，花色品种之丰富，人们真的不再需要进裁缝店了。为了省钱而在家里自己做衣服，更是成了遥远的回忆。

在中国纺织业进入高速增长期的1987年，中国生产了22.82亿件服装。

1997年，全国服装产量达136.9亿件，比1987年增长了5倍。

2007年全国服装产量达201.59亿件。

2017年中国服装产量达287.81亿件，相当于为全世界人口（按76亿计）每人提供3.79件衣服。一个有着如此巨大的服装生产能力的国家，不仅可以扮靓自己，扮靓世界也不在话下。

当然，这个话也只有今天的中国人可以说。在改革开放之前的计划经济体制下，内需尚且不能满足，出口自然是谈不到了。改革开放初期，纺织产量有所增长，但仍然以满足国内市场需求为主，出口规模很小。1978年纺织品出口额仅为24.31亿美元，到7年后的1985年，也只有64.4亿美元的出口额，增长缓慢。

出口的快速增长发生在1984年纺织工业系统加大改革力度之后。1987年纺织品服装出口额突破100亿美元，1991年超过200亿美元，1996年纺织品服装出口额达371亿美元，全球占比11.7%，相对量居全球首位。受亚洲金融危机影响出现一个时期的出口下滑之后，2000年出口额达530亿美元，全球占比15%，在更大幅度上领先世界。2002年之后的数年间，每年以超过100亿美元的规模增加着，2004年，出口额达到973.85亿美元，全球占比提高到21%，继续保持全球第一大出口国地位。

从2005年到2007年的3年间，中国纺织品服装出口规模可用充气式的扩张来形容，每年的增加额在200亿美元以上，2007年的出口额达1712.1亿美元，产品遍及世界上200多个国家和地区。

此后的十年间照例是一路上升，2017年的纺织品服装出口额达2686亿美元，全球占比35.9%。最近几年，尽管国际市场有波动起伏，中国纺织品服装出口额也都在2700亿美元以上。2020年，在疫情冲击和国际经济环境极为不利的情形下，中国经济逆势上涨，其中纺织品服装出口达2912.2亿美元，同比增长9.6%。

自进入21世纪以来的20年间，中国一直保持着纺织品服装的生产、消费和出口第一大国的地位。今天的中国是世界上纺织产业链最完整、技术最全面、门类最齐全的国家，它正在从纺织大国大步向着纺织强国迈进。

回想一百多年前中国纺织业所受的列强的欺压和摧残，回想新中国纺织业在艰难中起步并曲折前行，回想"新三年旧三年，缝缝补补又三年"的日子，回想1979年3月19日皮尔·卡丹在北京举办的新中国第一场时装表演——当时台下一片黑、灰、蓝色，观众们屏住呼吸盯着台上婀娜多姿的外国模特儿从眼前走过，仿佛外星人造访……今天的中国已经能够用服装美化和温暖着全世界。这世界，真的变了！

中国古代的先人曾经用华美的丝绸惊艳世界，以"凿空"西域的勇气和胆识开拓出连通东西方、连通世界的丝绸之路，促进了沿途国家之间的政治、经济、科技和文化的交往，推动了多文明的交流互鉴和人民的友好往来。

2000多年过去了，有能力以强大的纺织业对全世界进行包装的当代中国人依然从先人的身上汲取着灵感和探索精神。2013年9月7日，中国国家主席习近平在哈萨克斯坦纳扎尔巴耶夫大学作重要演讲，提出了共建"丝绸之路经济带"倡议；同年10月，习近平主席在访问东盟时提出了"21世纪海上丝绸之路"的合作倡议。这一覆盖大半个地球的合作倡议，很快就引起世界的积极响应。截至2020年11月，已经有138个国家、31个国际组织与中国签署了201份共建"一带一路"合作文件，在有的合作伙伴国，已经收获了果实。一条无比宽阔、空前繁荣的21世纪新丝绸之路正在从中国向世界延伸开来。

敦煌壁画中的丝绸之路,展现了中原盛产的丝绸、铁器等与西域的良马、骆驼等物品通过丝绸之路相互交流的盛况。(视觉中国)

21世纪新丝绸之路经济带上的中欧班列,2011年3月19日从重庆始发第一列,10年来,73条线路通达欧洲22个国家的160多个城市,已累计开行突破4万列。仅2020年一年就突破"万列"大关,合计货值超过2000亿美元。(人民视觉)

郑州国际陆港堆场,一批集装箱货物将通过中欧班列运往德国汉堡等欧洲港口。(人民视觉)

延续2000多年的丝绸之路原本就有着非常丰富的内涵，它绝不仅仅以丝绸为贸易对象，中国金器、银器、铁器、瓷器、镜子等其他豪华制品，以及印刷术、造纸术乃至琴棋书画等修身的艺术也通过这条万里商路向世界扩散。欧洲文艺复兴之后，中国哲学、古典学术、官员选拔制度等也传到了西方。同时，西方近代天文学、数学和医学知识，以及中亚的葡萄、核桃、胡萝卜、胡椒、胡豆、菠菜、黄瓜、石榴、皮货、药材、香料、葡萄酒、珠宝首饰等物品也沿着这条道路输往中国。尽管有着如此丰富的内涵，但人们仍然将这条商路以丝绸命名之。今天，新世纪丝绸之路其内涵之丰富，绝非古代的情形可同日而语。新世纪的丝绸之路是一条政策沟通、设施联通、贸易畅通、资金融通、民心相通的全方位合作之路，是一条通向人类命运共同体的康庄大路。但是，也如同人们对古代丝绸之路的命名一样，不管这条道路的内涵多么丰富，未来的人们也仍将以丝绸命名之。因为，丝绸与中国，原本就是同义词。

四

民族服饰万花筒

"五十六个民族，五十六朵花。"中国是由五十六个民族组成的多民族大家庭，各民族兄弟姐妹相亲相爱，共同书写了璀璨的中华文明。同时，各民族由于地理、历史、习俗等方面的不同，又形成了各具特色的民族服饰文化，有的热情奔放，有的尊贵典雅，有的锦绣华丽，有的简单素雅，有的大红大紫，有的流光溢彩……橱窗空间有限，这里只能随机展示一部分少数民族的服饰风采。

瑶族服饰

瑶族主要分布在中国华南地区,居住于海拔较高的山地,据2010年第六次全国人口普查统计,人口约280万。瑶族人能歌善舞。歌曲特色鲜明,如《酒歌》令人振奋,祭祀歌曲《大声歌》集体合唱庄严沉重。舞蹈艺术有闻名于世的长鼓舞和铜鼓舞等。在所有这些活动中都能看到瑶族服饰文化的光彩。

瑶族有30多个分支,每个分支有自己特定的称谓,而每个称谓又有着复杂的起因:生产方式、生活习惯、地理特点,甚至某种习惯种植的作物等等,都可能是冠名的依据。其中,有的称谓来自特定的服饰文化。瑶族分支的称谓中与服饰文化有关的主要有红瑶、白领瑶、白裤瑶、蓝靛瑶等。红瑶的名称得自衣服上有部分红色布料,戴红色头巾;白领瑶,顾名思义,衣领为白色;白裤瑶的裤子自膝盖以下扎有白布,故得名;蓝靛瑶的衣服多用蓝靛染的布料,被称为蓝靛瑶。

广西恭城瑶族自治县水上瑶族婚礼中身穿盛装的瑶族姑娘。(视觉中国)

除了衣服颜色的差别，瑶族的不同分支在头饰上也有表现。例如，过山瑶妇女会戴上角帽，用帕布遮盖；坳瑶妇女通常用新鲜的嫩竹做成梯形竹壳帽，并在周围插上5支银簪，帽子两侧各绕上一条银链；有的红头瑶要求男孩和女孩都戴圆形平顶花帽，成年妇女常常将头发剃掉，用红布裹成一个两三公斤的大包头。

当然，同任何民族一样，瑶族每个分支当中，男女服饰差别明显。一般而言，男性头饰简单许多，多蓄发盘髻，未婚男子头上还会插上几根鸟毛；男子上衣有两种形式，对襟或左大襟，一般都有腰带；男子的裤子多以深色为主，如蓝、黑色，形制有长有短，有紧有宽，短而紧的裤子一般狩猎时候穿，宽松的裤子爬山时穿。女子上衣有的是无领子的短衣，配腰带，一般与裙子搭配；有的是比较长的对襟上衣，大约到膝盖处，一般用长裤或短裙来穿搭；女子服装会有各种色彩艳丽的图案，还会佩有各种银饰，如手镯、耳环、项圈以及修饰衣服的银牌等。

彝族服饰

彝族是中国西南地区的少数民族，人口约871万（2010年），主要居住于四川凉山、云南楚雄、贵州毕节等地区。

节日是一个民族生活习俗的集中表现，具有民族特色的服饰通常也是节庆活动中的重要元素。农历六月二十四日的火把节是彝族最热闹的节日，那天，大家都会盛装出席，围绕着火堆唱歌、跳舞，一起赛马、斗牛等，这种热闹的场面会持续三天。

凉山彝族的服饰较完整地保留了彝族传统民族服饰的特点。男女都是穿右衽大襟衣，披由羊毛制成的"擦尔瓦"，既可用来挡风雨，还可以用作被子。披毡也是彝族衣饰的标配，并形成了独具特色的披毡舞。凉山彝族的打扮很注重头饰。男子头上一般缠巾髻，而女子分为两种情况，一般都是戴头帕，生育后则戴帽或缠帕。男女都常佩戴耳环、手镯等银饰，不同的是，男子一般左耳戴蜜蜡珠或银耳环，女子则是双耳戴。男女服饰的差异主要体现在下衣上，男子一般穿裤子，女子着百褶裙。凉山彝族传统服饰的颜色主要有三种，即黑色、红色和黄色，分别象征尊贵、热情和美丽，三种颜色的搭配使彝族服饰显得朴素典雅。彝族服饰的美还体现在其丰富多变的纹饰上，纹样多来自日常生活物品和周围的动植物，如鸡冠、羊角，还有的来自日月星辰等；纹饰

彝族盛装。(视觉中国)

一般都绣在衣领、袖口、裤脚、项背等处,更加显示彝族服饰的精美。今天,彝族服饰也在变化中,比如人们现在更加偏爱黑、蓝、灰、白,颜色增多,纹饰的纹样却逐渐单一化,更加注重服饰的实用性。

苗族服饰

苗族主要聚居在贵州和湖南，地理环境多为山区和高原，人口约为943万（2010年），是中国第四大少数民族。苗族是一个节庆活动特别丰富多彩的民族，几乎每个月都有一个节日，如芦笙节、花山节、赶秋节、踩鼓节、祭尤节等。苗族的节庆较多，所以苗族人经常唱歌跳舞。苗族民歌丰富，格调多样，主要有飞歌、酒歌、祭祀歌等等。苗族的舞蹈也让人叹为观止，如芦笙舞、锦鸡舞、铜鼓舞、木鼓舞等。所有这些节庆日也都是民族服饰汇粹的时刻。

苗族服饰华丽多样。在被称为"苗族服饰博物馆"的贵州、湖南地区，苗族服饰就有200多种。这与苗族悠久的历史和迁徙有关。从唐宋之前的"戴毡帽，束头发，不穿鞋，衣服材料为麻皮"，到宋代"未娶男子头上插金羽，未嫁女子颈子上戴海螺"，再到元明"女子头上插银钗，男女都戴大耳环"，最后是清朝民国"女子穿百褶裙，佩银花、银圈、手镯等银饰"等，每个朝代，苗族服饰都因时而变。现在，苗族服饰分为盛装和便装。盛装锦绣华丽，服饰刺绣各种各样，千差万别，天地神人无奇不有，浓缩了苗族人的生活百态。

身着民族服饰的苗族姑娘。(视觉中国)

壮族服饰

壮族是中国少数民族中人口最多的一个民族，约为1693万（2010年），主要聚居于广西壮族自治区。广西石灰岩分布广泛，气候温和宜人，多雨水，举世无双的喀斯特地貌使得广西有"山水甲天下"的美誉。壮族人善唱山歌，比如大家熟知的"刘三姐对歌"。每到农历三月三，成千上万壮族人就会齐聚一起举行大山歌圩，对对歌、抛绣球、舞彩龙、唱采茶、赛诗词，既有唱歌大联欢之情，更有男女相识之意。这样的场合，也是壮族服饰的展示大会。

壮族人有着民族风格独特的服饰。壮族女子一般穿蓝黑色衣裙，男子则是短装衣裤。壮族男子上衣是右襟与对襟两种，对襟相对宽松简单，不穿长裤，一般在劳动的时候穿。男子礼服是长袍加短裨，戴一顶帽子。女子穿着相对复杂，除了无领右襟外，女子还要用不同颜色的头巾来包头，不同颜色暗含着长幼、是否婚嫁等信息。男女的裤脚都绣有绳边，被称作"牛头裤"。壮族别具特色的布鞋样式很多，鞋上的绣花漂亮。壮族姑娘定亲后，会亲自缝制布鞋作为赠送给男方家人的见面礼。壮族婚礼服也因地不同，有的地方艳丽多彩，配着翘头大红花鞋，胸前绣凤凰；有的婚服则是以青、黑、蓝为主的颜色，显得更为素雅。

身着壮族服饰的姑娘走过广西百色靖西市旧州街。(视觉中国)

景颇族服饰

景颇族是云南省16个跨境而居的少数民族之一。景颇族人口约为14.8万（2010年），主要分布在德宏傣族景颇族自治州的盈江、陇川、芒市、瑞丽、梁河五个县市。在国外，景颇族的主要居住地是印度和缅甸。景颇族的主要支系有景颇、载瓦、喇期和浪峨等。

景颇族的服饰风格粗犷豪放。男子服饰以黑、白色为主色。老年男子服饰各支系大致相同，多穿黑色圆领对襟上衣，下身是短而宽大的黑裤，戴黑色包头。中青年男子服饰各支系略有差别。景颇支系上身内穿白色立领衬衣，外套黑色圆领外衣，下身着黑色长裤，戴红蓝相间的棉纱布圆筒形头巾。其他支系的中青年男子均着白色衬衣、黑色长裤，戴各色绒球缨穗点缀的白色包头。景颇族男子出门时肩挂挎包，腰挎长刀，气宇轩昂。长刀是景颇族男子在节日、礼仪活动中的必备之物。景颇刀舞也流传甚广，其动作主要模仿生产劳动中的收、种、砍等劳动内容和丰收的狂欢场面。过去，景颇刀既是劳动生产工具，又是防身武器。如今，景颇刀成了不可或缺的配饰。

景颇女子便装时多穿黑色或各色对襟或前襟向左的短上衣，下着净色或黑红相间的筒裙，用黑色布条缠腿。节日或婚嫁时，

在节庆日里舞蹈的景颇族男子。(中新社)

景颇族女子盛装起舞。(中新社)

盛装的景颇族女子上衣为黑色短襟无领窄袖衫,胸、背、肩等多处镶有很多大银泡、银牌和银穗,下身为绣有红、黑、黄、绿等色图案的毛质筒裙,腰间系红色腰带,头饰为羊毛织成的红底提花包头,小腿包裹与筒裙质色相同的裹腿,领上佩戴六七个银项圈和一串响铃式银链子,手上戴着粗大且刻有花纹的银手镯。行走舞动时,银饰叮当作响,别有一番风味。

纳西族服饰

纳西族是中国云南地区少数民族之一,是古代从西北南迁的古氐羌人的后代。总人口约为32.6万(2010年),主要分布在云南、四川、西藏等地。

纳西族聚居的横断山脉地区,海拔高、昼夜温差大,寒冷的气候使得衣物的保暖功能对纳西族极为重要,服饰以动物皮毛为主。

2009年,纳西族服饰被列入云南省非物质文化遗产保护名录。其中,丽江纳西族女性的羊皮披肩是典型代表,其设计巧妙,制作工艺考究。披肩面料主要为黑绵羊皮,外层皮面细腻光滑,内里毛棉粗糙厚实,两面可以调换以调节冷暖;辅助面料为棉布、呢子布、麂皮、氆氇等。纳西族有"不识黑白,无以知纳西"的说法。因此披肩的设计上,黑、白为主导色彩,蓝色为点缀。纳西族古时崇拜青蛙,将蛙视为有恩于人类的智慧善良的神灵,众多民间传说中有很多关于蛙的故事,披肩也以"蛙"样剪裁,其中的两块大圆盘点缀在背带缀连处,隐喻蛙眼,小圆盘隐喻蛙肠子。已婚女性头戴黑色圆形纱帽,外戴蓝布帕,内穿灰色或湖蓝色前短后长女袄,外套枣红色、黑色或蓝色领褂,穿藏青色或黑色宽腿裤,腰系围裙,身披羊皮披肩。妇女们穿戴蛙体形状的披肩,通过将五行文化背在背上,护佑出行平安健康。

丽江一带纳西族男子服饰与当地汉族相同,寒冬加穿羊皮披肩,老人穿麻布无领长衫,外加坎肩,系腰带。

身穿纳西族服饰的人们在表演纳西族传统艺术——麒麟舞。(视觉中国)

羌族服饰

羌族是中国西北部一个古老的民族,习惯居住在中海拔以上,也被称为"云朵上的民族"。羌族总人口约为31万(2010年),主要分布在岷江、涪江流域。

羌族崇拜天上的白云,表达祥瑞之意的"云云纹"是羌族服饰的重要元素。"云云鞋"是云云纹的典型代表,鞋头尖尖的,鞋尖处向上勾,鞋面上绣有彩色云纹和杜鹃花等图案。待嫁的羌族姑娘常为心上人绣一双云云鞋作为定情信物。

精美的刺绣是羌族服饰中的一绝,其中,绣花围腰在羌族刺绣中最有代表性,其他还有挎包、帽子、氆氇、毡子、壁挂等。羌族女子从小便接受严格的刺绣训练,所谓"一学剪,二学裁,三学挑花绣布鞋"。除了挑花,还有提花、纳花、撇花、勾花等多种针法,所绣图案多成几何形状,构图严谨,色泽明艳,绚丽夺目。所绣图案不但生动,而且寓意深刻。牡丹象征幸福;鸟巢象征喜庆;猪、狮子象征欢乐;龙、鱼象征吉祥等。图案装饰的部位,均选择在易损处,既有美化之功效,更能增强衣物耐磨性。2008年,羌族传统刺绣被列入中国非物质文化遗产保护名录。

羌族服装色泽鲜艳,以红、白、黑、黄色为主。白色象征着吉祥和平,红色象征着幸福与生命的延续。白色麻布过膝长衫是羌族男性的传统服饰，外套一件山羊皮制作而成的坎肩，保暖性很强。女性的长衫可长及脚背。羌族男女有裹头帕，以黑、蓝或白为主色调。男子穿套裤，打绑腿，束腰带。绑腿以红色为主。女子上衣宽摆大袖，袖口和衣领处绣上鲜艳的云边花饰或几何纹图案。

羌寨姑娘手持羌红迎接嘉宾。（中新社）

水族服饰

水族是中国南方少数民族之一,人口约为41万(2010年),主要分布在贵州、广西、云南三省,其中以贵州三都县人口最多。

水族男子服饰尚青黑色,上身多为短衫,长度到腰间或更短,衣领和衣角处有花纹围边修饰。女性服饰多以蓝、青、绿、黑等素色为主。每逢重大节日或姑娘出嫁日,姑娘们多将头发梳至头顶挽结,上着黑色对襟、宽袖短上衣,下穿黑色宽筒长裤,外穿黑色百褶裙,脚穿绣鞋。整体呈素色,显得格外庄重。头戴银角钗、银花,并以红布条点缀象征喜庆,佩戴银项圈、银手镯,腰间悬挂银吊牌,显示富足。

水族女性的鞋颇有讲究。主要有农作时的草鞋、日常生活的布鞋、节庆日的尖勾绣花鞋、雨天防滑的老钉鞋。其中,尖勾马尾绣鞋是水族刺绣中的珍品。尖头朝上内勾,鞋帮上先用彩色线绣出团轮廓,再用水族马尾绣针法填充各种颜色的花草鸟兽图案。有的还会在鞋面镶上亮片,显得格外精美。因制作工艺复杂,只有在隆重场合或走亲访友时才穿。贵州多雨,雨天泥泞路滑,普通布鞋不利于行走,水族人便在布鞋底部钉上十几个空心钉子,用桐油浸渍三遍。在胶鞋进入水族生活之前,这种简便易制又实用的防滑钉鞋,很受水族百姓青睐。

贵州黔东南,参加榕江侗族萨玛节巡游的水族群众。(视觉中国)

贵州黔东南,盛装的水族母亲在给孩子整理头帕,准备参加瓜年节巡游展演。(视觉中国)

佤族服饰

佤族是中国和缅甸两国的跨界民族。中国境内的佤族主要居住在云南省西南部,人口约为43万(2010年)。

佤族自称是大山的民族,崇尚黑色和红色,认为黑色象征着健康、庄严和肃穆,皮肤黝黑的人诚实、勤劳和智慧;红色是希望和勇敢的象征,功勋卓著的英雄、德高望重的老人,通常头戴红色包头,以示崇高和尊严。因此,黑色和红色成为佤族服饰的基调,所用布料多为自制土布加以染色,图案别具一格,色彩斑斓。

佤族妇女的服饰各地差异较大,基本特征是缠黑布包头或戴银头箍,或盘发辫戴银球,着黑色或深蓝色无领上衣,戴大耳环、银项圈,身背筒帕,小腿常裹一块护腿布,配搭自然得体。

佤族男子上衣多为无领长袖,裤子短而肥大,裤腰卷起来可以包东西,常以佩戴竹藤圈为饰,外出时,身挎背包长刀,肩扛火枪,小腿缠裹腿。佤族男子喜文身,多数在前胸刺牛头,手腕刺鸟,腿上刺山林,反映了佤族人民对自然的崇拜和敬仰。

佤族姑娘表演传统甩发舞。(视觉中国)

佤族"新米节"祭祀活动。(视觉中国)

阿昌族服饰

阿昌族是中国西南地区人口较少的少数民族之一,总人口近4万(2010年),多聚居在云南省德宏州陇川县的户撒、腊撒区以及梁河、芒市等地,少数散居于芒市、盈江、腾冲等县,生活环境多为丘陵山地,气候温和。阿昌族有许多本民族特有的节日,如会街节、火把节、窝罗节、浇花节等。其中窝罗节和会街节是阿昌族较为盛大的节日。每个节日,也都是阿昌族特色服饰展示日。

阿昌族男子一般身穿蓝、黑或白色对襟上衣,下着黑色衫裤。外出或参加盛会时,喜欢斜背色彩鲜艳的"筒帕"(挎包)。阿昌族未婚女子上身多穿各色袖长而窄的对襟衣,下着黑色长裤,腰间系绣花飘带黑布裙。已婚妇女则穿蓝色、红色对襟衣和遮住膝盖的统裙,裹绑腿。阿昌族无论男女都喜欢用花作装饰,他们在头上、胸前、腰部、小腿等处缀饰鲜花或毛绒线花,表达着或快乐、或纯洁美好的感情。

包头是阿昌族服饰中富有特色的头饰。男子头上缠黑色或白色包头,婚后则改为藏青色。青壮年打包头时要留约40厘米长的穗头垂于脑后,并且在包头上插上花。最抢眼的是阿昌族妇女的"高包头"。她们用长达五六米的黑色或蓝色布料缠绕在发

云南西部盈江阿昌族少女身着鲜艳服饰,欢跳传统迎春舞,列队迎接春天来客。(中新社)

跳"蹬窝罗"舞的阿昌族青年。(中新社)

髻上，形成高耸的塔形。包头前面点缀上鲜花，包头顶端左侧悬挂五彩绣球，极富特色。裹包头是已婚妇女的专属，未婚女性只能盘辫。

每逢年节，阿昌族妇女喜爱佩戴银饰，这不仅是财富和光明的象征，还寓意着消灾辟邪，平安吉祥。银饰"挂膀"是阿昌族妇女特有的衣饰。它是用黑色绸缎或棉布做成的坎肩式小罩衣，前后边沿镶钉银泡，对襟，钉银牌扣，外挂银链、三须、灰盒等银饰物。这些饰物工艺精细纤巧。到了节日庆典，阿昌族妇女身着"挂膀"，手戴银泡花镯，颈戴银项圈，耳坠银环，走起路来，银光闪闪，光彩照人。

白族服饰

白族是中国的少数民族之一，人口约193.3万（2010年），主要聚居在中国西南边陲云南省的大理白族自治州，少量分布在贵州毕节、安顺和湖南的桑植县。白族有着多姿多彩的风土人情，其服饰更是富有民族特色。

白族崇尚白色，服饰以白为贵。男性一般上穿对襟白衬衫、黑领褂，下着蓝色或黑色大筒裤，脚蹬剪口布鞋。白色对襟衣、外套黑领褂和绸缎领褂俗称"三滴水"。纽子多为银制，腰系皮带或绣花兜肚。女性主要穿白色、嫩黄、湖蓝或浅绿色的上衣，外套黑色或红色丝绒领褂，右衽结钮处挂银饰。腰系绣花或深色短围裙，下着蓝色或白色长裤，衣袖和裤脚镶绣各色宽窄不同的花边。白族服饰的一个显著特点是内衫前襟短后襟长。这样的衣服设计，不仅呈现出层次之美，还象征着"衣皆着尾"，表现了白族人对龙的崇拜。

包头是白族男女必备的头上饰物。白族女子包头形似弯月，头巾上系有缨穗垂至左耳，头饰主体绣有各式各样的花样和纹路，帽顶上粘有细密柔软的白色毛线，风吹飘摇，银珠闪闪发光，寓意风花雪月之美。

相比女子头饰的独具匠心，男子头饰较为简单，常见蓝、黑色包头。随着社会的发展,传统的白族服饰逐渐被现代服饰所取代,但每当白族传统节日到来时,白族传统服饰就会随处可见,大放异彩。

云南民族村举行白族"绕三灵"民俗活动。(人民视觉)

傣族服饰

傣族是中国少数民族之一，人口约126万（2010年），主要生活在云南省的西双版纳州和德宏州。傣族居住区域属于热带、亚热带地区，气候温热，山林茂密。在这样的环境中，傣族人喜欢依水而居，爱洁净，常沐浴，故有"水的民族"的美称。受环境影响，傣族服饰充分体现出热带、亚热带旖旎风光，独具民族特色。

傣族男子的传统服饰一般上身穿无领对襟或大襟小袖短衫，下着宽腰无兜管裤，以青布束腰，用白、红或蓝布包头；有的戴毛呢礼帽，喜挂背袋，或佩带短刀，看上去健美潇洒；天冷时披毯，四季常赤脚。女子一般上身穿紧身短衣，圆领窄袖，有大襟，也有对襟；腰着银带，下着长至脚踝的筒裙，腰身纤巧细小，下摆宽大。这种装束，充分展示了女性胸、腰、臀"三围"之美。傣族女性喜爱佩戴发饰。她们喜留长发，束于头顶，有的以梳子或鲜花为饰，有的包头巾，有的戴高筒形帽，有的戴一顶大斗笠，各呈其秀，各显其美，颇为别致。

云南省新平县,花腰傣族姑娘。(视觉中国)

侗族服饰

侗族是中国人口数排名第十的少数民族，总人口约为288万（2010年），主要分布于中国西南地区湖南、贵州和广西三省的交界处。侗族傍水而居，擅种水稻，有"水上民族"和"水稻民族"之称。

侗族是爱唱歌的民族，有句话叫"侗乡无处不飞歌"，从祭祀祖先、恋爱嫁娶到节日庆典，他们都用音乐来表达情感。侗族歌曲代代传唱，已经形成了诸多经典的民间音乐作品。如被称为"天籁之音"的侗族大歌，至今已经有2500多年的历史。侗族也是一个擅长舞蹈的民族。侗族舞蹈有芦笙舞、"多耶"舞、耍龙舞、狮舞等。侗族节日尤其丰富，一年中的各种节会活动不下百次。有全民族普遍过的节日，也有一村一寨、一族一姓的节日。其中以春节、活路节、尝新节、三月三、林王节、牛神节、芦笙节、花炮节、大雾梁歌节、四十八寨歌节、斗牛节等节会最为隆重。

有了节日与歌舞，当然少不了盛装。侗族服饰千姿百态，款式丰富。

侗族男子一般上穿立领对襟上衣，外罩无扣短坎肩，衣襟等处有绣饰，腰系侗族腰带，头缠青布包头，两端有锯齿状绣图;下着长裤,裹绑腿,穿草鞋或赤脚。女子穿短裙时,上身以开襟紧身衣相配,胸部围青色刺绣的剪刀口状"兜领",裹绑腿;穿裤时,以右衽短衣相配,或配右衽无领上衣,以银珠为扣,环肩镶边,足蹬翘尖绣花鞋。

  银饰是侗族盛装必不可少的饰品。每逢节日盛会,侗族妇女总喜爱佩戴银帽、项圈、银花、手镯等银质饰品。侗族银饰种类繁多,光头饰就有50多种,如银花冠、银簪、银梳、银发链、银耳环、银耳坠、银耳线等,银饰上雕龙画凤,刻有鸟虫花草等图案,十分精美。盛装打扮时,侗族妇女用红头绳扎发盘在头上再包黑纱帕,脑后别上银簪、银梳,头戴银盘花、银头冠,耳吊金银环,颈带项圈,手配银镯,走起路来,银光闪闪,精美绝伦。

  绣品也是侗族服饰的一大特色。侗族妇女善织绣,侗锦、侗布、挑花、刺绣等手工艺绣品十分精美。其中,马尾背扇堪称一流绣品,其造型古老,绣工精致,图案严谨,色彩富丽,充分展示出侗族女子的聪慧和高超技艺。

身穿传统服饰的侗族男女热情歌舞。(中新社)

维吾尔族服饰

维吾尔族主要聚居于位于中国西北的新疆维吾尔自治区，人口约为1007万（2010年）。新疆幅员辽阔，风景壮丽。阿尔泰山、天山、昆仑山自北向南绵延起伏，准噶尔盆地和塔里木盆地坐落于山系之间。这里有中国最大的沙漠——塔克拉玛干沙漠，有中国最大的内陆河——塔里木河，有中国陆地最低点——艾丁湖，有风景优美的喀纳斯湖，有一望无际的原始森林，有火洲之称的吐鲁番。

雄阔壮美的山水养育出多姿多彩的民族文化。这里有诱人的美食文化：香甜可口的瓜果、香气四溢的馕饼、馕坑烤肉和手抓饭等，令人垂涎。这里有激情奔放的歌舞：木卡姆歌舞套曲、刀郎舞、赛乃姆、萨玛舞、纳孜孔姆、盘子舞、手鼓舞等等，绚丽灿烂，美轮美奂。当然，你将为之倾倒的不仅是歌舞，还有随歌舞一同展示的多彩服饰。

维吾尔族人喜欢戴一种四楞小花帽，帽子形状多样，有下小上大型，有圆形。夏季多戴白色软帽，帽上常用彩色丝纹绣出各种花纹图案，有的女帽用孔雀翎修饰。

维吾尔族妇女普遍穿颜色鲜艳的丝绸或毛料制作的裙装，也有的裙装是用富有本民族特色的艾得来丝绸裁制。裙装为筒

新疆喀什,身着艳丽服饰的维吾尔族姑娘。(视觉中国)

裙，上身短，下身长且宽松。裙子外常穿外衣或坎肩，其中外衣有长外衣和短外衣，裙子里面穿长裤，裤脚上绣有花纹。

维吾尔族男子经常穿着一种叫作裕袢的宽松长外衣。裕袢对襟，袖子长过手指，裕袢腰部系腰巾。维吾尔族男子俊朗，女子美艳，再配以绚丽多彩的穿戴，走到哪里都是一道靓丽的风景。

蒙古族服饰

蒙古族传统上是中国北方的游牧民族,人口约为598万(2010年),主要聚居在内蒙古自治区。蒙古人爱好音乐,马头琴、四胡、火不思是其独具特色的乐器。蒙古人也擅长舞蹈,有盅碗舞、筷子舞、安代舞、查玛、萨吾尔登等花样繁多的舞蹈样式。著名的那达慕大会是蒙古族历史悠久的民族节日,是为庆祝大丰收而举行的文体活动。蒙古族还有马奶节、燃灯节、赛马节、鲁班节等特色节日。所有这些节庆歌舞场合,也是蒙古族服饰的秀场。

蒙古族服饰主要包括蒙古袍、坎肩、靴子、头饰及配饰等等。蒙古袍多为皮、毛、绸、棉面料制成,领口、袖口多用锦缎花边镶饰,袍身肥大,下摆不开衩。男子的配饰较多,包括蒙古刀(刀鞘上刻有龙、虎、兽头等花纹图案)、火镰(用牛皮袋子套着,小半露在外面)、烟袋、鞭子等。蒙古族妇女的头饰繁多,头戴发箍、护耳、耳坠、马鬃等等。蒙古族的帽子和腰带除了其相应的服饰功能,还是某种精神内涵的表达。例如,少女扎腰带表示男女平等;在重要场合,如会客、敬茶时,需穿戴整齐,戴帽,扎腰带,表示蒙古族人对客人的高度尊重。

内蒙古乌兰察布敖包文化节,身着察哈尔蒙古族服饰的青年男女。(视觉中国)

青海都兰举行海西州第六届那达慕大会。青海境内"德都蒙古人"进行民族服饰展示。青海省境内的蒙古族人又称"德都蒙古人",德都蒙古族服饰不但在服饰种类、款式风格、面料色彩等方面有新的发展变化,而且在缝制工艺方面也有独立的裁剪工艺、缝纫工艺、刺绣工艺、镶边工艺、图案工艺。蒙古族服饰制作工艺,依附于本土文化,也记载着蒙古族的历史。(中新社)

藏族服饰

藏族主要聚居于中国的西藏自治区及青海、云南、甘肃、四川等省的部分地区,人口约为628万(2010年)。

西藏位于素有"世界屋脊"之称的青藏高原之上,白天上午和中午的气温就可以相差20摄氏度,昼夜温差更大。这样的地理环境和气候特点,对藏族服饰形制的影响极大。藏族人民喜欢穿长袍,藏袍一般为交领右衽大襟,袖口宽敞,手臂收缩自如,衣襟、袖口、下摆等处多以细毛皮或毛布镶边。寒冷时分人们用长袍将全身包裹,中午热的时候可以将一只袖子褪到肩膀以散热。藏族男子的藏袍多长及膝盖上下,下身穿宽大的灯笼裤。藏族女子下身穿着裙子,裙子长及脚踝。藏族服饰善于用金银、珠宝、象牙、玉器等装饰。藏族人民头饰和配饰多以金、银、玉器或代用品制成,饰品花纹精致,但其造型厚重。

不同地区的藏袍也有不同的特点,青海牧区的藏袍多用羊皮制作,袖口处露出白色羊毛;四川甘孜州的藏袍,其袖口和下摆多用毛皮或织金绸装饰,色彩鲜明;西藏藏南的藏袍多为白氆氇藏袍,领口、袖口、下摆处镶十字花纹花边。

四川石渠藏族服饰。(视觉中国)

锡伯族服饰

锡伯族是中国一个古老的民族，原居住于中国东北地区，清朝乾隆年间政府征调部分锡伯族人迁至新疆屯垦戍边。今天约70%的锡伯族人仍居住在东北多地，但在语言、饮食、服饰等方面与汉族已经没有多少差别。新疆的锡伯族人今主要聚居在察布查尔锡伯自治县以及霍城、巩留、乌鲁木齐、伊宁等县市，人口约为19万（2010年），在语言和服饰等方面仍然保留古老的民族传统。

锡伯族的服饰样式较多，男子喜欢穿蓝、青、棕、灰色长袍，袖口为马蹄形，可以上下卷，长袍外面套青马褂，腰系青布带。女子的服饰颜色鲜艳，多穿各色花布和方格布旗袍。旗袍样式有年龄的区别，少女的旗袍上面绣有各色精美图案，旗袍外套坎肩，衣襟、袖口、领口、下摆多镶滚边，脚穿绣花鞋。成年女性的旗袍较长，不开衩或开衩大襟右衽，下摆较宽。老人的服饰又有所不同，老年男子内穿对襟白褂，外穿长袍，脚穿白袜、布鞋；老年妇女常穿青、蓝黑色旗袍，旗袍长至脚面，扎裤脚。

正在参加传统射箭比赛的锡伯族姑娘。(中新社)

柯尔克孜族服饰

柯尔克孜族是一个分布在中国、吉尔吉斯斯坦、俄罗斯等国的跨界民族。中国的柯尔克孜族主要聚居在新疆西南部克孜勒苏柯尔克孜自治州境内,部分散居在伊犁、阿克苏、喀什、乌鲁木齐等地,除少数人从事农业和手工业,多数人世代过着逐水草而居的游牧生活。中国境内的柯尔克孜族人口约为19万(2010年)。

柯尔克孜族的服饰兼具草原牧民服饰的共性和本民族特征。男装多选用家织驼毛布或棉布,制成无领、对襟、无扣、下摆过膝、袖长过手指的长外衣;裤装多选用灯芯绒,用羊皮缝制黑布缘边,裤脚宽松,腰间束皮带,脚穿高腰马靴,冬季穿毛毡靴。妇女一般穿红色短装和连衣裙,衬衣直领宽大,裙子多为褶行圆筒状,面料多为绸缎,足蹬长筒皮靴,喜戴耳环、戒指、手镯、项链等饰品。年长者多喜欢穿羊毛或骆驼毛制作的毡鞋。

因气候条件影响,柯尔克孜人有出门戴帽的传统。夏秋两季主要戴白毡帽,冬季戴皮帽。帽子上有很长的护耳,既可遮蔽阳光,也可抵挡风霜。柯尔克孜族女性一生佩戴不同形制的帽子:少女多戴红色丝绒制圆顶小帽;婚后佩戴的帽子以大为美,造型大而突出,并配有大量装饰物,从图案到装饰纹样也都蕴含着各种美好寓意,体现出柯尔克孜族服饰的文化底蕴和民族表征。

两名身穿节日盛装的柯尔克孜族少女。(中新社)

新疆柯尔克孜族人驯养猎鹰有着悠久的历史,至今仍完整保留着原始的驯养方式。(中新社)

塔吉克族服饰

塔吉克族是一个跨境民族,是塔吉克斯坦国的主体民族,占其总人口的80%。中国境内的塔吉克族主要聚居于新疆塔什库尔干塔吉克自治县,总人口约5万(2010年),是中国人口较少的民族之一。

塔吉克族人喜欢红、黄、白等颜色醒目的服装,再配以鲜艳的装饰,成为帕米尔高原上靓丽的风景。塔什库尔干的塔吉克族服饰被称为"高原彩虹"。

塔吉克族服饰分为头饰、项链、上衣、裤子和靴子等,材质以毛皮和棉绸为主。头上饰品多为女性手工制作,装饰繁杂,工艺细致,独具特色。

塔吉克族男子多穿一种无领、无口袋、无扣的长大衣,腰间系一块三角形的腰巾,腰巾上绣有花图案。夏季,塔吉克族男子戴白布缝制刺绣的小圆帽。冬季,成年男子一般戴黑绒圆高筒帽,帽上绣有数道细花纹和一道花边,帽里用优质黑羔皮缝制,下沿卷起,露出皮毛。

塔吉克族女子一年四季头上都戴一顶名为"库勒塔"的帽子。"库勒塔"圆形硬壳,黑色绒布制作,顶部和四周有各种精美图案。冬季,圆帽里可以衬些棉花或驼绒以保暖。多数时候,

美丽的塔吉克族少女。
（中新社）

帽子上要蒙一块长头巾，或红色，或粉色，或黄色，别致而迷人。做"库勒塔"是塔吉克女红中最重要的事情，需从小学习。多数未婚塔吉克女性日常生活的重要事项就是盛装打扮，戴着精美华丽的"库勒塔"，配以色彩艳丽的连衣裙，在帕米尔高原的蓝天白云下来来去去，宛若画中人。

哈萨克族服饰

中国的哈萨克族主要分布在新疆北部的伊犁哈萨克自治州，新疆东部的木垒、巴里坤两个哈萨克自治县，以及甘肃省阿克塞哈萨克族自治县，总人口约146万（2010年）。

哈萨克族是草原游牧民族，他们的服饰体现了别具一格的草原风情。男子夏季常穿套头式的白布花边衬衣，衬衣外套坎肩和无领对襟长袍。冬季多穿皮大衣，皮面朝外，绒毛朝里，抗风保暖。裤子为肥裆皮裤，宽大结实，方便骑马放牧。女子服饰色彩艳丽，款式繁多。夏天穿连衣裙、短袖袷袢，冬天外加棉衣。不同年龄段的女性衣裳各有不同的装饰：小女孩衣服上多缀满银铜或纽扣；少女穿袖口饰有十字绣花边、下摆带多褶的连衣裙，上身外加半截紧身坎肩，缀满银饰；中年妇女暖季穿胸前和下摆彩绒绣边、两边有两个衣袋的半截袖长襟袷袢和坎肩。

哈萨克族的头饰富有特色，分为帽子和头巾两种。男子夏季喜戴的白色毡帽，黑色镶边，帽沿上卷，帽顶呈方形，雪白色毡帽在翠绿色的草原衬托下，格外耀眼；头巾为白毛巾或三角白布，结扣扎在前额，头顶露在外面，较为别致。女子帽子款式更加丰富。女孩子出门戴"塔克亚"，这种帽子帽壳较硬，平顶，顶上插有表示吉祥的猫头鹰羽毛，缀有光彩夺目的珠玉。在家里

新疆维吾尔自治区阿勒泰地区,参加捕猎活动的哈萨克族猎人。(视觉中国)

要包"方头巾",四角用绒线绣有各种艳丽的图案。"沙吾克列"是姑娘们出嫁时戴的尖顶帽,里层为薄毡,外罩绸缎,帽壁绣有花草和兽角状花纹,镶嵌五光十色的金银珠宝。中年女性的头巾通常绣有花纹和图案,年长者的头巾则比较素雅。

1963年,新疆赛里木湖畔,哈萨克族小琴手。(视觉中国)

朝鲜族服饰

朝鲜族是中国和朝鲜两国的跨界民族。中国的朝鲜族主要分布于中国东北地区,人口有183万(2010年),最大的聚居区是吉林省延边朝鲜族自治州。

朝鲜族服饰有非常鲜明的民族特色。朝鲜族喜爱白色素服,无论何种样式的服装其领口都是白色,故又被称为白衣民族。

朝鲜族男子多穿斜襟短上衣,外套坎肩,下穿腰宽裤肥的灯笼裤,便于在炕上盘腿而坐。节日庆典时会穿过膝长袍,戴礼帽。

短衣长裙是朝鲜族女性服装最显著的特色。上衣非常短,只遮盖到胸部,斜领,无扣,以带打结,下摆呈弧形,线条柔和优美。年轻女性喜欢在袖口、衣襟、腋下等处镶缀色彩艳丽的绸缎边。长裙多用丝绸缝制,长及脚跟,腰间有细褶,宽松飘逸。女性在生活中常取跪姿,为了方便,裙子特别宽松。

朝鲜族童装采用七色彩缎作袖筒,衣身采用彩色绸缎,被称为"七彩衣",象征着如彩虹般光明美好。不仅如此,朝鲜族会根据穿着者的年龄和场合,选用不同衣料材质和颜色的衣服,演绎出不同风格,使服装搭配和环境相得益彰,充分体现出朝鲜族注重礼仪、尊崇文化的民族风格。

朝鲜族女子服饰。(视觉中国)

鄂伦春族服饰

鄂伦春族是中国人口最少的少数民族之一，人口有近万（2010年），主要聚居于黑龙江省和内蒙古自治区的大小兴安岭地区。鄂伦春族历史上主要以狩猎为生，以勇敢强悍而著称，被誉为"兴安岭之王"。"鄂伦春"这一族名包含着两重意思，一是"山岭上的人们"，另一重意思是"使用驯鹿的人"。鄂伦春族传统服饰充分显示了狩猎民族的特色。

鄂伦春族的传统服饰多采用鹿皮和狍子皮制作，其特点是经久耐磨，防寒性好。男女长袍以及靴、裤、帽、手套、被褥等多用狍子皮制作。狍子皮的选取十分讲究。不同季节的衣物用不同季节的狍皮制作：秋冬两季的狍皮毛长而密，皮厚结实，防寒力强，适宜做冬装；夏季的狍皮毛质稀疏短小，适于做春夏季的衣装。

为了便于骑马，鄂伦春族无论男女都穿宽肥长袍。男子大袍前后襟开衩，在开衩处和袖口镶有双层加厚薄皮，结实又美观。女子长袍比男袍长，大襟覆盖脚面，左右开衩，领口、袖口、衣边、开衩处绣有云纹、鹿角纹图案，或缀以补花等装饰。在寒冷的冬季，皮帽是必备品。女帽顶用毡子缝制，加以彩穗装饰。未婚女性还戴有珠子、贝壳、扣子等装饰的头带。过去男子外出打猎，穿狍皮衣、皮裤，戴狍头皮帽，穿乌拉。现今日常已普遍着布衣、胶鞋，但出猎时仍多着皮衣。

1999年2月，黑龙江省黑河市爱辉区新生鄂伦春族乡，携带步枪的鄂伦春族猎人。（视觉中国）

高山族服饰

高山族是中国台湾省南岛语系各族群的统称,主要分布在台湾岛山地、东部沿海纵谷平原和岛屿上,少量散居在福建、上海、北京、武汉等地,总人口约49万(2008年)。高山族有自己的语言,没有本民族文字,口头文学很丰富,有神话、传说和民歌等。

高山族传统服饰色彩鲜艳,以红色、黄色和黑色为主。男子服装主要有腰裙、套裙、挑绣羽冠、长袍等。女子服装包括短衣长裙、围裙、膝裤等。女性服装一般开襟设计,不仅显示出女性曲线美,还起到散热凉爽的作用。

高山族服装样式因地而异。台湾北部高山族喜穿麻布拼缝而成的无袖上衣;中部高山族人穿鹿皮背心,外披鹿皮披肩;南部高山族人穿对襟长袖上衣,腰部系半腰裙。

高山族无论男女皆重装饰。饰物种类多样,有冠饰、额饰、耳饰、颈饰、胸饰、腰饰、臂饰、手饰、脚饰等。装饰材料就地取材,如贝珠、贝片、玻璃球、猪牙、熊牙、羽毛、兽皮、竹管、花卉等。其中又以贝的使用最为广泛。高山族人还喜欢用鲜花制成花环,盛装舞蹈时直接戴在头上,煞是好看。

身穿民族服装的高山族青年男女在载歌载舞。(视觉中国)

后　记

本丛书由教育部人文社科重点研究基地山东大学当代社会主义研究所牵头，联合山东大学人文社会科学青岛研究院组织编写。主要参编人员如下：山东大学当代社会主义研究所金淑霞、山东大学管理学院周琳、山东大学马克思主义学院常辉、中共山东省委党校（山东行政学院）公共管理教研部王非、山东社会科学院马克思主义研究中心赵彩燕、中国矿业大学马克思主义学院郭雷庆。

在选题策划、文本写作、配图插画等主要环节上，山东文艺出版社领导提出了宝贵的指导意见，第二编辑室主任冯晖女士和编辑房洪民先生为丛书的出版付出了不少心力；山东大学政治学与公共管理学院部分博士、硕士研究生参与了前期的资料搜集和整理工作。我们向所有为本丛书问世提供帮助的人表示感谢。

中国有许多好故事，但要讲好却绝非易事，而要讲全则根本不可能。我们在一路风景中定格了几个片段，试图以滴水折射阳光。我们的努力能否如愿，留待读者评判。

作者

2021年1月

图书在版编目（CIP）数据

这就是中国．衣/金淑霞，周琳著．——济南：山东文艺出版社，2021.10
ISBN 978-7-5329-6042-2

Ⅰ.①这… Ⅱ.①金… ②周… Ⅲ.①社会主义建设成就-中国 ②服装工业-概况-中国 Ⅳ.①D619 ②F426.86

中国版本图书馆CIP数据核字(2020)第013893号

这就是中国·衣
金淑霞　周琳　著

主管单位	山东出版传媒股份有限公司
出版发行	山东文艺出版社
社　　址	山东省济南市英雄山路189号
邮　　编	250002
网　　址	www.sdwypress.com
读者服务	0531-82098776（总编室）
	0531-82098775（市场营销部）
电子邮箱	sdwy@sdpress.com.cn
印　　刷	山东临沂新华印刷物流集团有限责任公司
开　　本	890毫米×1240毫米　1/32
印　　张	7.5
字　　数	138千
版　　次	2021年10月第1版
印　　次	2021年10月第1次印刷
书　　号	ISBN 978-7-5329-6042-2
定　　价	42.00元

版权专有，侵权必究。如有图书质量问题，请与出版社联系调换。